KB210530

달콤한 죄 죽이기

달콤한 죄 죽이기

저자 제이 E. 아담스
저자 유재덕

초판 1쇄 발행 2021. 7. 5.

발행처 도서출판 브니엘
발행인 권혁선

등록번호 서울 제2006-50호
등록일자 2006. 9. 11.

서울특별시 송파구 백제고분로28길 25 B101호 (05590)
마케팅부 02)421-3436
편집부 02)421-3487
팩시밀리 02)421-3438

ISBN 979-11-90308-51-9 03230

독자의견 02)421-3487
이메일 editorkhs@empal.com

북카페 주소 cafe.naver.com/penielpub.cafe
인스타그램 @peniel_books

도서출판 브니엘은 독자들의 원고를 설레는 마음으로 기다리고 있습니다.
위의 이메일로 간단한 기획 내용 및 원고, 연락처 등을 보내주십시오.

도서출판 브니엘은 갓구운 빵처럼 항상 신선한 책만을 고집합니다.

[달콤한 죄의 유혹을 극복하고 거룩한 삶을 추구하는 믿음]

달콤한 죄 죽이기

제이 E. 아담스 지음 | 유재덕 옮김

브니엘

그리스도인은 전쟁에 참여하고 있다. 태어날 때부터 줄곧 그래 왔다. 사실 우리는 근본적으로 적대 관계에 있는 서로 다른 군대 두 곳에서 서로 다른 두 개의 목적을 위해 복무했다. 이런 사실에 혼란을 느낄 수도 있고, 또 이런 주장을 의심하거나 믿지 않을 수도 있다. 상황을 달리 해석할 수도 있겠지만 그것은 사실이다. 어긋남 없는 하나님의 말씀이 그렇게 전하고 있다.

예수 그리스도의 군사로서 해야 할 임무에 관해 마지막으로 설교를 듣거나 책을 읽은 적이 언제였는가? 너무 오래된 일이라서 기억조차 못할지 모른다. 그리스도의 군사를 격려하는 찬송을 마지막으로 들어본 게 언제인가? 그런 찬송이 자취를 감춘 것은 아닌가?

당신은 기독교에 입문한 지 얼마 지나지 않아서 이 전쟁이 아주 낯설 수도 있다. 요즘에는 그리스도인의 전쟁에 관해 거의 언급하지 않는 게 일반적이고, 그 때문에 알 수도 없으니 대부분의 성도들이 그것을 의식하지 못하고 있다.

어떤 사람에게 전쟁에서 무슨 역할을 담당하고 있는지 묻자, "무슨 전쟁 말입니까?"라고 대꾸했다. 또 다른 사람은 이렇게 대답했다. "도대체 무슨 말씀이십니까? 전쟁은 일어나지 않았습니다!"

심지어 목회자나 신학생들까지도 내가 수업을 진행하다가 "목회는 전쟁입니다"라고 말하면 놀라는 눈치였다. 하지만 목회자들은 내가 간혹 "그리고 총알이 뒤에서 수없이 날아듭니다!"라고 덧붙이면 갑자기 그 사실을 떠올린다. 바울은 목회를 "선한 싸움을 싸우는 것"이라고 말하면서 디모데에게 "그리스도 예수의 좋은 병사로 나와 함께 고난을 받으라"고 격려했다. 이게 바로 신약성경의 핵심이다.

교회의 일각에서 이렇게 중요한 성경의 진리를 무시하거나 억누르는 것은 무엇 때문일까? 그리고 그것에 관해 어떻게 행동해야 할까? 이 책에서 말하고자 하는 것은 바로 이 두 가지 문제이다. 지금 내가 말할 필요가 있는 것은 대결을 피하고 스스로를 높이며 예수님을 근본적으로 개인의 삶을 변화시킬 수 있다기보다는, 자신의 행복에 한 차원을 덧붙일 수 있는 구세주로 제시하는 무력한 기독교를 낳은 그런 세력들이 활동하고 있다는 게 전부이다.

내가 말하는 것은 이 소심한 자기만족이 주로 하나님의 말씀에 담긴 만만하지 않은 진리들과 씨름하거나 또는 그것들을 해결하는 데 실패한 교리적 변절의 결과라는 것이다. 현재 과도하게 성장한 기독교의 정신 상태는 십자가 없는 면류관을 기대한 채 그리스도를 거부했던 1세기 유대교의 그것과 상당히 흡사하게 보인다. 원인이 무엇이든 간에 교회가 전쟁터에서 잠들어 있다는 것은 부정할 수 없다. 일방적으로 무기를 내려놓고서 불편한 평화를 붙들고 있다.

전쟁은 다양한 전선에서 진행되고 있다. 그 전쟁은 다니엘서나 다른 곳에서 암시하는 것처럼 우주적인 차원을 포함하는데, 지상에서는 두 가지 차원의 전투가 벌어지고 있다. 외적 차원과 내적 차원이라는 두 가지 차원에서 진행되고 있는 이 전투는 교회의 일원인 우리에게 맡겨진 책임이다.

아무리 겸손하고 단순해도 그리스도인이라면 두 가지 차원에서의 전투와 관련되어 있기 마련이다. 외적 전투는 생동적이고 절박하지만, 내적 전투에서 성공적으로 승리하지 못하면 정상적인 싸움을 벌일 수 없다. 따라서 이 책에서는 내적 차원에서의 전쟁과 관련 있는 성경적인 문제와 해결점을 전적으로 모색하게 된다. 내적 차원이 더욱더 근본적이며 기초적인 시도이기 때문이다.

그러나 내적 전쟁은 누구든지 전모를 파악하거나 충분히 이해할 수 있게 다가오지 않는다. 그 싸움은 개인의 심층적인 곳에서 눈에 띄지 않게 진행된다. 그것은 어떤 그리스도인도 벗어날 수 없고, 그리스도인이라고 한다면 뛰어들어야 할 전쟁이다. 당신이 그리스도를 자신의 구세주로 간주하고 있다면 하루도 거르지 않고 전쟁을 치를 것이다. 누구도 당신을 위해 대신 싸워줄 수는 없다.

우리 가운데 일부는 가정에서 자녀나 배우자와 문제를 겪고 있다. 당신이 치르는 가장 커다란 전투는 그들에게 말하는 것 이상일지 모른다. 적대감, 배반, 무시에 맞서 행동하고 반응한다. 이것은 내적으로 반드시 치러야 할 전투인데 거기서 당신은 패배하고 있을지도 모른다.

어쩌면 당신은 직업을 유지하는 데 상당히 큰 어려움을 당할 수도 있다. 분노나 날카로운 혀 때문에 조만간 당신은 직장에서 쫓겨날 수 있는 어떤 일을 겪을 수도 있다. 그리고 바로 그 혀 때문에 친구나 가족과도 담을 쌓고 지낼 수도 있다. 그러면 당신은 낙심하고 포기하고 싶어 할지도 모른다. 당신은 "무슨 소용이 있는 거야?"라고 생각할 정도로 내적 전투에서 패배를 겪을 수도 있다. 생명을 포기하는 것까지 생각할지도 모른다.

질병 때문에 쓰러질 수도 있다. 연로한 부모님이 짊어진 짐은 당신의 능력 이상일 수 있다. 자신의 결혼생활에 실망했거나 패배했을 수도 있다. 그렇지 않으면 간음을 범하고 싶은 유혹을 받을 수도 있다. 문제가 무엇이든 간에 거기에 내적 의미들이 담겨 있는 게 확실하다. 겉으로 드러난 문제의 규모에 상관없이 내적 전쟁은 언제나 한층 더 격화된다. 그리고 전쟁의 결과가 궁극적으로 결정되는 곳은 그곳, 즉 자신의 가장 은밀한 부분이다.

죄와의 내적 싸움을 어떻게 치러야 할지 알고 있는가? 어떻게 해야 하는지 가르쳐줄 수 있는 교훈을 제대로 찾을 수 없는 것도 사실이다. 실제로 당신은 잦은 패배 때문에 이길 수 있는 방법이 있는지의 여부를 의심할 수도 있다.

하나님의 말씀에 담긴 영성을 반영한 이 책은 승리의 길이 있다는 확실한 사실을 설명하려고 집필되었다. 그리고 이 책은 단지 이론에 머물지 않고, 당신이 과거에 어느 정도나 자주 패배를 겪었는지에 관계없이 죄와의 내적 전투에서 지속적으로 승리할 수 있는 방법을 소개하고 있다.

배울 준비가 되었는가? 그렇다면 나와 함께 기본적인 훈련, 곧 우리 대장 예수께서 지시하는 바를 놓고서 철저한 연구를 시작해보자. 지니고 있는 성경을 가져다가 함께 읽는 것도 좋은 방법이다. 하나님이 당신에게 원하시는 것이 무엇이며, 또 하나님의 뜻이 성취되기를 얼마나 기대하고 계신지 확인하기 위해 꾸준히 공부해야 한다. 다른 사람처럼 당신도 죄와의 싸움에서 승리할 수 있다!

글쓴이 제이 E. 아담스

Who Started It?

죄와의 싸움은
태초부터
시작되었다

01 _ Who Started It?

내가 너로 여자와 원수가 되게 하고 네 후손도 여자의 후손과
원수가 되게 하리니 여자의 후손은 네 머리를 상하게 할 것이요
너는 그의 발꿈치를 상하게 할 것이니라. 창 3:15

이 전쟁은 어떻게 시작되었을까? 전쟁과 관련된 사람은 누구일까? 전쟁의 전모는 무엇일까? 누가 승리하게 될까? 이러저런 비슷한 질문이 제기된다. 나는 이 장에서 더욱 기본적인 것들 가운데 일부에 대해서만 답하도록 하겠다.

전쟁이라고 한다면 누가 어떤 목적을 가지고 시작했는지 분명하다. 간혹 동기나 특징을 분류하기 쉽지 않더라도 그렇다. 이 경우에도 전쟁과 그 쟁점의 기원은 완벽하게 명확하다. 성경을 읽은 사람이라면 공감하고 이해할 수 있다.

하나님이 사람을 만드셨을 때 사람을 동산 중앙으로 안내하면서 땅을 정복하고 번성하여 충만하라고 말씀하셨다(창 1:28). 이것은 과학적이며 사회적인 활동을 추구할 수 있도록 다스리고 지배하라

는 명령이었다. 하지만 경고의 의도를 지닌 게 분명한, 또 다른 두 개의 직접적인 명령이 있었다.

먼저, 아담과 하와는 먹고 즐기는 것을 목적으로 동산의 모든 실과에 접근할 수 있었지만, 동산 중앙에서 자라는 선악을 알게 하는 나무의 실과는 먹을 수 없다는 지시를 분명히 받았다.

"여호와 하나님이 그 사람을 이끌어 에덴동산에 두어 그것을 경작하며 지키게 하시고 여호와 하나님이 그 사람에게 명하여 이르시되 동산 각종 나무의 열매는 네가 임의로 먹되 선악을 알게 하는 나무의 열매는 먹지 말라. 네가 먹는 날에는 반드시 죽으리라 하시니라"(창 2:15-17).

둘째, 그들은 동산 자체를 "경작하고 돌보라"는 엄격한 지시를 받았다(창 2:15). '돌보다'(care for)라는 번역은 원어의 의미를 충분히 반영하고 있지 않다. 그것의 실제 의미는 '지키다'(guard)이다. 그것은 아담과 하와가 일단 쫓겨난 이후에 그룹빔에게 에덴동산의 입구를 지키라는 명령이 내려진 창세기 3장 24절에서 다시 한번 사용되고 있다. 그리고 그것은 가인이 하나님께 "내가 내 아우를 지키는 자(보호하는 자)니이까"(창 4:9)라고 물을 때 사용했던 말이기도 하다.

아담과 하와는 중앙에 위치한 선악을 알게 하는 나무의 실과를 먹지 말라는 명령을 분명히 들었고, 생소하고 해로운 세력들로부터 동산을 보호해야 한다는 경고도 받았다. 그것이 우리가 언급하고 있는 전쟁의 배경이다.

타락한 천사의 지도자인 사탄(벧후 2:4)은 하나님과 우주에 대한 그분의 통치에 최초로 반기를 든 존재이다. 그런데 인간이 창조되자 사탄은 인류를 자신의 목적에 끌어들일 목적으로 그 불순종을 새롭게 만들어진 지상에 들여왔다. 우리가 알고 있듯이 우리의 슬픔, 고통, 그리고 죽음에 대해 사람은 사탄의 시험에 대항하지 못하고 그의 거짓을 믿고서 타락했다.

하나님과 사탄 간의 전쟁이 어떻게 시작되었고, 또 창조주를 거역하려고 했던 이 강력한 피조물에게 무슨 일이 일어났는지 우리는 정확히 알지 못한다. 성경은 별다른 실마리를 거의 제시하지 않고 있기 때문이다. 사탄과 그를 따르는 천사들의 타락을 언급하는 것으로 자주 오해하는 본문 두 곳은 이사야서 14장과 에스겔서 28장이다. 비록 그 본문들이 최악의 상태에서 하나님과 등지는 것을 서술하고 있는 게 사실이지만, 이사야서 14장 4절과 에스겔서 28장 2절이 분명히 지적하듯 사탄의 타락이 아니라 바벨론과 두로의 사악한 왕들의 배반과 전복을 설명하는 것이다. 특히 두로의 왕이 두 차례나 어떻게 언급되고 있는지 주목해야 한다. "너는 사람이요"(겔 28:2,9).

따라서 지상의 전쟁에 관해 우리가 알고 있는 것은 이전부터 지속되던 하나님과 사탄 사이의 우주적인 전쟁의 일부가 외부로부터 인간계로 들어왔다는 게 고작이다. 지상의 전쟁은 하늘에서 벌어지는 전쟁의 일개 전선에 지나지 않으며, 또 인간의 역사에서 발생하는 것은 단지 우주적인 역사에서 발산되는 것의 한 측면에 불과할 뿐이다(이런 장면들은 요한계시록 12장 7~9절과 다니엘 11-12장, 그리고 욥기에서 볼 수 있다).

전쟁이 지상에 선포되었다!

그렇다면 에덴동산에서는 무슨 일이 일어났던 것일까? 인간에 대한 유혹과 타락에 얽힌 이야기를 여기에서 반복하는 것은 분명히 불필요할 것이다. 성경을 믿는 그리스도인에게는 익히 알려진 사건이기 때문이다. 하지만 타락의 직접적인 결과는 그리 충분하게 이해하고 있지 않다. 성경은 이렇게 말한다.

"내가 너로 여자와 원수가 되게 하고 네 후손도 여자의 후손과 원수가 되게 하리니 여자의 후손은 네 머리를 상하게 할 것이요 너는 그의 발꿈치를 상하게 할 것이니라"(창 3:15).

이 본문은 아주 중요하다. 전쟁이 선포되고 상대가 밝혀지며 결과가 확인되고 있기 때문이다. 15절의 주체인 하나님 자신이 전쟁을 선포하신다. 하나님은 "내가 너로 …와 원수가 되게 하고"라고 말씀하셨다. 따라서 지상의 전쟁은 하나님이 주도하신다. 하나님이 선포하신 이 전쟁은 모든 인류를 포괄하고 있다. 알건 모르건 간에 남녀노소 모두가 어느 한쪽을 택한 채 사탄 아니면 하나님을 섬기고 있다. 중립이란 있을 수 없다. 예수님도 이렇게 말씀하셨다. "나와 함께 아니하는 자는 나를 반대하는 자요 나와 함께 모으지 아니하는 자는 헤치는 자니라"(마 12:30). 이 말씀은 당신이 예수님을 위해서 싸우거나 아니면 예수님을 상대로 싸움을 벌이고 있다는 뜻이다.

당신은 예수님의 일을 모으지 않고 헤치고 있다는 것을 깨닫지 못할 수도 있다. 하지만 하나님의 자녀, 즉 하나님의 후손이 되지 않는 이상 그것은 사실이다. 날마다 무엇을 하든지 간에 그분의 일, 즉 모으고 헤치는 것이 뜻하는 것을 돕거나 또는 방해하고 있는 것이다. 후방에 있는 모든 이도 비록 전장에 있지는 않지만 전쟁의 수행에 기여하고 있다. 그들의 생활은 아주 평온하고, 그래서 전쟁을 까맣게 잊을 수도 있다. 그럼에도 불구하고 그들의 행동 하나하나가 전쟁의 승리, 또는 패배에 기여하고 있다.

그렇다면 창세기 3장 15절의 내용은 무엇을 뜻하는 것일까? 대상이 누구일까? 특별히 선택된 참가자들은 누구인가? 상징적으로 볼 때 하나님은 뱀에게 비참하게 배로 기고 흙을 핥고 먹는 운명을 주셨다(시 72:9, 미 7:17 참조). 뱀은 사탄이 인간을 속이는 수단이었기 때문이다. 그러나 앞서 인용한 저주와 언약의 구절에서 핵심이 되는 요소들은 다음과 같다. 즉 저주는 뱀을 넘어서서 실제 범인에게로 이어진다.

하나님이 창세기 3장 15절에서 '너'와 '네'라는 표현을 사용하실 때 거론된 게 바로 '사탄'이다. 하나님이 원수로 만든 것(또는 전쟁을 선포한 것)은 여자와 사탄, 그리고 그들의 후손들이었다. 여자의 후손이 머리를 상하게 할 때 그 뒤꿈치를 상하게 하는 게 사탄이다. 이 구절이 사탄에 대한 심판과 저주의 형식을 취하고 있는 것은 사실이지만, 거기에는 독자들에 대한 약속까지 담겨 있다. 사악한 존재는 여자의 후손을 제압하려는 시도를 하면서 바로 이 행위 때문에 자신이 몰락한다는 사실을 발견하게 될 것이다. 사탄은 자신의 머리를 땅에 짓이기는 그 뒤꿈치를 물어뜯는다.

간혹 '원시복음'(protevangelium : 복음의 초기 형태)이라고 불리기도 하는 이 예언은 결국 십자가에 대한 예언에 해당된다. 사탄은 십자가에서 더 없이 악한 짓을 저지르면서 자신의 사역을 종결시키려고 찾아오신 예수 그리스도를 물리쳤다고 생각한다. 그러나 바로 이 행위 때문에 여자의 후손인 예수님은 자신의 목적을 달성하신 것이다.

"죄를 짓는 자는 마귀에게 속하나니 마귀는 처음부터 범죄함이라. 하나님의 아들이 나타나신 것은 마귀의 일을 멸하려 하심이라"(요일 3:8).

십자가는 그리스도의 발꿈치를 상하게 하는 것과 같다. 제3일에 그분은 승리를 거두고 부활하셨기 때문이다. 십자가는 사탄의 머리를 상하게 하는 것과 같다. 사탄에게 완전한 패배를 안겨준 치명적인 상처이기 때문이다. 미가서 5장 2~3절과 디모데전서 2장 15절은 창세기 3장 15절의 예언이 그리스도를 가리킨다고 언급하고 있다.

> "베들레헴 에브라다야 너는 유다 족속 중에 작을지라도 이스라엘을 다스릴 자가 네게서 내게로 나올 것이라. 그의 근본은 상고에 영원에 있느니라. 그러므로 여인이 해산하기까지 그들을 붙여 두시겠고 그 후에는 그의 형제 가운데에 남은 자가 이스라엘 자손에게로 돌아오리니"(미 5:2-3).
>
> "그러나 여자들이 만일 정숙함으로써 믿음과 사랑과 거룩함에 거하면 그의 해산함으로 구원을 얻으리라"(딤전 2:15).

하지만 이 구절은 그 이상의 뜻을 포함하고 있다. 이와 관련해서 신학자 캔들리쉬는 이렇게 말한다. "주로 거론되는 게 예수 그리스도임에 틀림없다. 그와 동시에 사람들 가운데 뱀을 따르는 모든 자를 지칭하는 뱀의 후손이 더욱 광범위한 의미를 가질 수 있는 것처럼(마 3:7, 요 8:41) 여인의 후손 역시 주님을 편들고, 또 그분과 더불어 거룩한 전쟁에 함께하는 모든 사람을 뜻할 수 있을지라도 말이다." 성경주석가들은 대부분 이런 의견에 동의한다. 사실 이런 식으로 이해하지 않고서는 뱀의 '후손'이 지칭하는 대상은 존재하지 않는다. 그리고 이 구절을 사탄의 후손과 탁월함 자체이신 그리스도 후손 간의 전쟁에 대한 설명으로 해석할 경우에는 구약성경에 주목할 만한 빛을 던져준다.

성경은 그리스도에 의해 구속받은 인류가 사탄을 상대로 승리를 거두게 될 것이라고 가르치고 있다. "평강의 하나님께서 속히 사탄을 너희 발 아래에서 상하게 하시리라. 우리 주 예수의 은혜가 너희에게 있을지어다"(롬 16:20). 사탄은 시종일관 그리스도의 계보를 단절시키려고 시도했다. 처음부터 거룩한 계보는 아벨, 사탄의 계보는 동생을 살해한 가인으로 대표되었다. 요한은 그 사건을 언급하는 가운데 가인이 "악한 자에게" 속했다고 말하면서 그를 악마의 후손이라 불렀다(요일 3:12).

그리스도께서 태어날 당시에 아기들을 살해한 것(마 2:16)은 동일한 목적을 달성하려는 최후의 저항이었다. 사실 이런 사건들의 대목마다 이스라엘의 역사는 거룩한 후손(적의 영토에 메시아를 낳으려고 하나님이 선택하고 배치한)과 세계(사탄과 그의 후손의 국가) 간의 전쟁으로 해석할 수 있다. 예수님은 언젠가 이렇게 말씀하셨다.

"너희는 너희 아비 마귀에게서 났으니(즉 그의 후손) …그는 처음부터 살인한 자요 진리가 그 속에 없으므로 진리에 서지 못하고"(요 8:44).

그러나 그것은 이 책이 기록된 것과 같은 세계적인 전쟁을 논하는 게 아니다. 오히려 그 말씀은 내가 관심을 갖고 있는 이 전쟁 내부에서 벌어지는 여러 전쟁에 관한 것이다. 사탄은 자신의 전투를 대규모로 치를 뿐만 아니라 어느 시대를 막론하고 활동을 벌여왔고, 또 현재도 무법적 활동을 계속해서 벌이고 있다. 패배하기는 했지만 사악한 적이 당신을 개인적으로 파괴하고자 시도하는 것이다.

그러나 그리스도인은 용기를 잃어서는 안 된다. 하나님은 당신을 포기하지 않으신다. 그분은 언제나 당신 뒤에 서 계신다. 그리고 앞으로 논의하겠지만 내적 싸움을 승리로 이끌 수 있는 방법도 있다. 하나님은 능력 있는 군대를 배열시켜서 당신이 활용할 수 있게 만드셨다. 당신은 그리스도를 통해 정복자 그 이상이 될 수 있다.

02

The War Within

내적 싸움은
개인이
겪어야 할
죄의 유혹이다

우리의 싸우는 무기는 육신에 속한 것이 아니요 오직 어떤
견고한 진도 무너뜨리는 하나님의 능력이라. 고후 10:4

──────── 내적 싸움을 하나님이 에덴동산에서 시작한 세계적
인 투쟁이라는 더욱 커다란 맥락의 일부로 간주하지 않은 채 그 성
격을 검토하는 것은 잘못이다. 그리고 실제로 그것이 단지 우주의
더욱 거대한 전쟁 - 그 부분이 차지하는 것만큼이나 결정적인 - 의
일부에 불과할 때 그 투쟁을 최후의 전쟁으로 간주하는 것 역시 잘
못일 수 있다.

　이런 상황과 무관하게 내적 싸움에 초점을 맞추는 것은 전쟁을
개인적인 갈등, 즉 당신과 사탄 간의 다툼의 일환으로 환원시키는
것이다. 그러나 그 전쟁은 개인적인 게 분명하기는 하지만 그 이상
의 전쟁이다. 그리고 그것 때문에 위험은 한층 더 커진다.

　당신은 언제나 자신이 싸우고 있는 개인적 전투가 예수 그리스도의 목적, 즉 개인의 행복이 걸려 있는 더욱 커다란 전체의 일부라는 사실을 염두에 두지 않으면 안 된다. 이것이 마지막 장에 '전쟁은 여호와께 속한 것'임을 분명히 하려고 시간을 할애한 이유이다(삼상 17:47, 대하 20:15). 하나님은 전쟁을 선포하셨고, 그것을 치르고 계신다. 당신이나 당신과 같은 전 세계의 수많은 그리스도인을 통해서 말이다.

태초의 싸움과 동일한 전쟁

그런데 내적 전쟁이라고 해서 별반 다르지는 않다. 그것은 앞 장에서 설명한 그대로이다. 이 내적 전쟁에는 사탄과 그의 후손, 그리스도와 그리스도 안에 있는 이들이 참여하고 있다. 목표, 전략, 그리고 무기 역시 다르지 않다.

따라서 전쟁의 한 측면에 관해 이미 언급한 것은 적어도 일반적으로 생각하듯이 다른 측면을 설명하고 이해하는 데 이따금씩 도움이 된다. 우리의 논의가 작은 내적 싸움으로부터 전투가 진행 중인 더욱 커다란 무대로 자주 옮겨 다니는 게 눈에 띌 경우에 이것을 기억할 필요가 있다.

그러나 그것이 비록 여러 측면에서 공통점을 지닌 동일한 전쟁이기는 하지만, 각 사람의 영혼 안에서 벌어지는 전투는 관련된 개인에 따라서 나름대로의 독특한 요소를 지니고 있고, 나름대로의 특성을 가지고 있으며, 또한 특별한 검토가 필요하다. 더욱이 적은 수시로 세계적 혹은 우주적 무대에서 발생하는 사건들에 따라서 공격지점을 달리하거나 전략을 다양화하기도 한다.

하지만 두 가지 전쟁이 실제로 한 가지라고 해서 내적 싸움의 중요성이 조금이라도 줄어드는 것은 아니다. 외부에서 벌어지는 전쟁은 내부에서 진행되는 싸움에 따라서 좌우된다. 개인 내부에서의 전투가 승리하고 실패하느냐에 따라서 전쟁 전체의 승패가 결정된다. 이것이 바로 내적 싸움을 더 큰 규모의 군사행동의 일부로 간주하는 중요한 이유이다. 전투는 개인이 전장의 각자 담당한 위치에서 용감하게 싸울 때만이 승리하게 된다. 그리고 그들이 외부적으로 어떻게 싸웠는지는 내적 싸움의 성공과 실패에 달려 있다. 내적 전투의 중요성은 이렇듯 분명하다.

하지만 다르다

내적 전쟁과 외적 전쟁이 결합되어 있기는 하지만 성경에서 말하는 내적 및 외적 전쟁은 둘 다 지상의 군대들이 벌이는 그것들과는 사뭇 다르다. 사도 바울이 "우리의 싸우는 무기는 육신에 속한 것이 아니요"(고후 10:4)라고 기록했을 때, 바로 그 차이점을 설명한 것이다. 바울이 예의 구절에서 언급했던 외적 전쟁을 치를 경우 그리스도인은 하나님의 무기를 들어야 하는데, 그것은 인

간의 무기들과 여러 측면에서 완전히 다르다. 그 이유를 정리하면
다음과 같다.

- 하나님의 나라는 이 세상에 속한 것이 아니기 때문인데, 그렇
  지 않다면 하나님의 종들은 이 세상의 군대가 하는 대로 싸워
  야 할 것이다(요 18:36).
- 전쟁은 여호와께 속하기 때문이다. 게다가 하나님은 그렇게
  알려지기를 원하신다.
- 하나님이 무기, 전략, 능력을 제공하시기 때문이다.
- 외적 전쟁은 사실 나름대로 독자적인 내적 싸움의 결과, 그리
  고 그에 따른 반성이기 때문이다.

내적 전쟁은 외적 전쟁과 전혀 다르다. 그것은 더욱 개인적인 차
원에서 치러진다. 외적 전쟁처럼 그것은 세상, 육체, 그리고 사탄과
관계가 있다. 그것들이 당신을 상대로 승리를 모색하기 때문이다.
내적 싸움은 당신의 개인적인 취약점, 당신의 죄, 당신의 그릇된 판
단과 관계가 있다. 당신이 스스로를 사탄의 맹렬한 공격에서 성공적
으로 보호할 뿐만 아니라 싸움에서 적을 제압할 수 있도록 하나님의
무기를 들도록 돕는 것이 이 책의 집필 이유이다.

신학자이자 설교의 대가인 필립스 브룩스는 그것을 이렇게 지적
한다. "그분을 위해, 그분과 더불어 전쟁을 하라. 그러면 거의 지속
적으로, 거의 순수하게 싸움을 치를 것이다. 하늘나라에서 씻은 검

으로 싸우라. 그러면 승리를 거두게 되고, 전쟁을 치르면서 강해지고 위대해질 것이다."

　당신이 그런 행동을 익히는 만큼 차례로 전쟁이 진행되고, 또 우주적인 전쟁은 그 최후의 순간에 더욱 가까이 도달하게 될 것이다.

How You Got Involved

회심하는
순간부터
싸움에
참여하게 된다

세상에서는 너희가 환난을 당하나 담대하라.
내가 세상을 이기었노라. 요 16:33

──────── 물론 당신은 그릇된 쪽에서 태어났다. 그것이 바로 다시 태어나야 했고, 또 여자의 후손의 일부로서 신앙의 구성원이 되어야 했던 이유이다. 하나님이 당신을 거듭나게 하시기 이전까지, 다시 말해 예수 그리스도를 자신의 구세주로 믿도록 생명을 주시기 이전까지 당신은 그리스도와 더불어 모으기보다는 오히려 헤쳤다 (마 12:30). 당신은 악한 자의 손아귀를 못 벗어났다(요일 5:19). 따라서 그 순간에는 내적 싸움이 일어나지 않았다. 하지만 당신의 마음과 정신을 주님께 빼앗긴 놀라운 날이 찾아왔다(고후 10:5). 당신은 그분을 선택했다. 한마디로 당신은 '회심' 했던 것이다.

이따금 그리스도인들은 회심 이전보다 문제가 어려워지는 것 때문에 혼란스러워한다. 결혼생활에 예기치 않던 문제가 생겨난다. 존은 메리에게서 자신들의 사이를 갈라놓는 생소하고 새로운 관심들을 발견한다. 직장에서도 새로운 문제가 생긴다. 밥은 더 이상 고객에게 사실을 숨길 수 없을 것이다. 그리고 하나님의 뜻에 부합하는지 그렇지 않는지를 결정하는 새로운 문제도 있다. 결정을 내릴 때 전혀 새로운 고려사항이 등장한다. 여기에 새로운 것은 하나도 없다. 사실 그것은 예상했던 일이다. 이 변화의 주요 이유 가운데 하나는 이제 새로운 내적 요소가 자리 잡고서 전에는 경험할 수 없던 내적 갈등을 생산하기 때문이다.

그리스도인들은 이것이 사실이라는 것을 여러 경로를 통해 확인하게 된다. 어느 여인이 자신이 겪은 이야기를 털어놓았다. 그녀의 이름을 수라고 부르겠다.

"나는 18세에 하나님을 모르는 아주 매력적인 청년과 결혼했습니다. 신앙을 모르던 나는 이내 기껏 불가지론자가 되었을 뿐이었습니다.

3년이 흐르고 두 아이의 엄마가 되고 나서 예수 그리스도를 위해 결단해야 한다는 어느 그리스도인과 만났습니다. 하나님은 나에게 이 결단이 가능하도록 허락하셨습니다. 그래서 나는 하나님의 말씀을 커다란 관심을 가지고 읽기 시작했습니다. 그러나 남편은 그런 변화를 눈치채고서 그것을 싫어했습니다.

남편은 결혼 초부터 늦게까지 밖에서 술을 마셨고, 옷깃에 립스틱을 묻혀서 들어왔습니다. 5년이 흘러서 아이 하나가 더 태어난 뒤에 남편은 나와 이혼하고 어떤 여자와 그 동네를 떠났는데, 나중에

들은 바로는 그들이 결혼했다는 것이었습니다."

수는 결국 재혼했는데, 이때는 배우자가 그리스도인이었다. 그러나 그녀는 자신의 재혼이 성경적인지 아닌지의 여부에 관해 의심하기 시작했다. 간음을 범한 것인지 아닌지의 여부에 대한 문제 때문에 어려움을 겪었다. 그녀는 계속해서 말한다.

"우리는 17년 동안 행복한 시절을 보냈습니다. 하지만 나는 하나님의 시각에 우리가 어떻게 비쳐질 것인지에 대한 의심 때문에 고통스러웠습니다. 나는 하나님께 절규하곤 했습니다. '내가 간음을 범했다면 당신의 뜻에 따라서 남편의 곁을 떠나겠습니다.' 나는 거의 12년 동안 막다른 길을 벗어나지 못했습니다.

그런데 지난 화요일, 당신의 책을 발견했습니다. 나는 신자가 처한 상황에서 스스로 떨어져나가는 불신자와 관련되어 있고, 이 덕분에 내가 자유롭게 되었음을 깨달았습니다. 나는 마태복음 19장 9절 말씀, '누구든지 음행한 이유 외에 아내를 버리고 다른 데 장가 드는 자는 간음함이니라'를 주장할 수 있었습니다. 나의 이혼은 정당했습니다."

우리는 이 경우에서 두 가지 사실이 작동하고 있음을 볼 수 있다. 먼저 내가 주장했던 대로 그녀가 그리스도인이 되자 사정이 악화되었다. 첫 남편은 그녀의 변화를 싫어해서 떠나버렸다. 그리고 둘째로 이혼과 재혼으로 이어지던 5년 동안은 어느 목회자가 그런 행위의 성경적 타당성에 이의를 제기하자 곤란에 빠져들기 시작했다. 그녀는 하나님을 기쁘게 하고자 했기 때문에 아무 일이 없는 것처럼 지낼 수는 없었다.

이렇게 해서 이후 12년 동안 그녀는 해결을 모색했고, 성경적이 아니라면 두 번째 결혼생활을 포기하려는 과격한 행위까지도 마다 하지 않았다. 그러나 불행히도 그녀는 다양한 방면으로 상담을 했었 지만, 내가 집필한 「성경에서 본 결혼, 이혼, 그리고 재혼」을 우연히 접하기 전까지는 조금도 도움을 받을 수 없었다. 그러나 그녀는 결 코 그 문제를 접어두지 않았다. 그녀의 관심은 그런 주제를 발견할 수 있는 책을 읽도록 만들었고, 결국 하나님의 섭리를 빌어서 관련 된 성경의 문제를 설명했던 내 저서를 읽고 마음의 평안을 얻게 되 었다.

수가 적절한 지도를 받았다면 분명히 한층 더 빨리 회복할 수 있 었을 것이다. 그러나 그녀는 승리가 가능할 때까지 싸우고 몸부림치 는 모든 행동에도 불구하고 그곳에서 벗어날 수 없었다. 하나님은 자신의 목적에 따라서 수에게 힘을 주고, 또 이전의 세월 동안 그녀 를 다듬고자 이 경험을 사용하셨다. 하지만 그렇게 괴로운 전투가 없었더라면, 또 그녀가 증언했듯이 그런 성격의 변화가 없었더라면 그녀는 결코 회심할 수 없었을 것이다. 여러 가지 의심을 극단까지 몰아간 것은 자신이 하나님께 죄를 지을 수 있다는 가능성 때문이었 다. 이런 종류의 내적 싸움은 오직 그리스도인만이 경험할 수 있는 갈등이다.

그렇다면 왜 그럴까? 이런 일을 초래하는 회심의 순간에 무슨 일 이 벌어질까? 이 갈등의 성격은 무엇인가? 그것은 괜찮은 것일까?

그것을 어떻게 처리해야 할까? 이 책은 이 모든 질문에 대답하고자 하며, 그 가운데 몇 가지를 이 장에서 다룰 것이다.

회심의 순간에 무슨 일이 일어날까?

예수 그리스도께서 누군가를 자신에게로 돌아서게 할 경우, 그 사람의 '마음'을 움직여서 그렇게 하신다. 성경에 등장하는 '마음'이라는 용어는 우리가 생각하는 뜻과는 사뭇 다르다. 우리에게는 마음이 정서나 감정을 뜻한다. 하지만 성경에서는 '내적 자아', 즉 그것이 내리는 결정이나 그것이 인도하는 내적생활을 뜻한다. 마음은 지성이 아니라 외적 사람과 상반되는 것이다(성경에서는 설교자들이 종종 "우리에게 필요한 것은 보다 적은 머리의 지식과 보다 많은 가슴의 지식이다"라고 표현하기도 하는 지성과 감정 간의 그릇된 반명제를 전혀 찾아볼 수 없다. 마 15:8, 벧전 3:4, 삼상 16:7 참조). 성경적 시각에서 볼 때 마음은 내적 사람 전체 – 지성, 정서, 그리고 의지 – 를 포괄한다. 그것은 간혹 사람이 외적으로 보이는 것에 마음으로, 즉 진심으로, 진정으로 맞서는 것을 가리키는 데 사용되기도 한다(롬 6:17).

거듭나지 않은 마음은 하나님의 일을 수용할 수 없다. 내적으로, 즉 진실로 불신자는 하나님의 진리를 모를 뿐만 아니라 거역하기도 한다. 이 모든 것은 고린도전서 2장 9~16절에 분명하게 기록되어 있다. 지금 내가 여기에 앉아 있으면 내가 듣거나 볼 수 없는 나를 둘러싼 소리와 장면들이 존재한다. 그러나 내가 만일 텔레비전을 켜면 그것들을 접할 수 있다.

사도 바울은 구원받지 못한 사람이 그와 같다고 말한다. 하나님이 자신의 자녀를 위해 준비한 것을 "눈이 있어도 보지 못하고 귀가 있어도 듣지 못한다"는 것이다. 왜 그럴까? 그들에게는 수신 장치가 없기 때문이다. 성령이 들어오면 그분은 우리로 하여금 하나님이 자신을 사랑하는 이들을 위해 준비하신 것을 받아들일 수 있게 하신다. 예의 구절에서 불신자의 마음은 하나님이 자신을 사랑하는 이들을 위해 예비하신 것들을 생각조차 할 수 없는 것으로 언급한다(고전 2:9). 에스겔 36장 26절에서는 그런 사람의 마음을 '돌'(stone – 개정개역에서는 '굳은'이라고 의역한다 – 역자주)의 마음이라고 부른다. 돌은 죽음, 냉랭함, 거역을 뜻한다.

그러나 회심하는 순간, 여호와 하나님은 '육신'에 '새로운 마음'을 주신다(겔 36:26). 이 새로운 마음은 돌과는 대조적으로 육신과 같은 것으로 언급되는데, 하나님의 여러 일에 반응하고 거역하기보다는 수용적이고, 또 하나님과 다른 사람들에게 따뜻하게 대하기 때문이다. 바울은 로마서 5장 5절에서 그것을 이렇게 표현하고 있다.

"소망이 우리를 부끄럽게 하지 아니함은 우리에게 주신 성령으로 말미암아 하나님의 사랑이 우리 마음에 부은 바 됨이니."

따라서 그 변화는 다음과 같이 이중적이다. 첫째, 우리의 능력은 변화를 거친다. 우리는 성향을 획득함으로써 하나님의 일을 사랑하고 배울 수 있다. 둘째, 우리는 안에 끌어당길 수 있는 새로운 힘을 갖는다. 마치 성령이 우리 마음속에 거처를 정하고서 우리를 조명하고 힘을 주시는 것처럼. 성령은 처음부터 하나님을 기쁘게 하는 방식으로 하나님과 이웃을 사랑할 수 있게 하신다(롬 8:8).

물론 이 모든 것은 놀랍지만 새로운 문제를 야기하기도 한다. 외부세계는 그 변화를 이해하지 못하고(고전 2:15, 벧전 4:4 참조) 간혹 그것에 부정적으로 반응하기도 한다. 그것은 아마도 그리스도를 위한 삶에 대한 최초의 주목할 만한 결과일 것이다. 그러나 그 자체와 다툼을 벌이는 내적 갈등 역시 존재한다.

사탄은 당신이 자신을 무시하고 자신의 적수에게로 돌아서는 것을 반기지 않는다. 바울은 골로새서 1장 13절에서 회심을 당신이 빛의 왕국의 시민이 되고, 흑암과 그 지배자, 그리고 흉악한 온갖 목적과 단절하는 충성의 전환으로 설명한다. 그러므로 당신은 당신이 반기지 않는 일들을 사탄이 벌이게 되리라는 사실을 확신할 수 있다.

사탄은 그런 일을 꾸미면서 당신이 새롭게 헌신하지 못하도록 유혹하는 데 일찍이 당신이 일원이었던 구원받지 못한 세계를 활용하면서, 당신이 주로 내적 전쟁을 치르게 될 '육신'에 호소할 것이다. 사도 요한은 최초의 시험(창 3:6)을 회상하는 글의 골격을 갖추면서 이렇게 경고한다.

"이는 세상에 있는 모든 것이 육신의 정욕과 안목의 정욕과 이생의 자랑이니 다 아버지께로부터 온 것이 아니요 세상으로부터 온 것이라"(요일 2:16).

그리고 그는 이렇게 주장한다. "형제들아 세상이 너희를 미워하여도 이상히 여기지 말라"(요일 3:13). 그러나 그는 또 이렇게 장담하기도 한다. "이는 너희 안에 계신 이가 세상에 있는 자보다 크심이라"(요일 4:4). 따라서 "무릇 하나님께로부터 난 자마다 세상을 이기느니라"(요일 5:4)고 말하는 것도 가능하다.

이런 발언은 성도들이 결국에 가서는 승리를 거둔다는 것과 전쟁의 실체가 모습을 드러낸다는 사실을 가리킨다. 하지만 우리는 부상이나 상처 없이 승리를 거둘 수 없을 것이다. 우리는 악의 존재를 '제압하기' 위해서 싸우지 않으면 안 된다. 예수님은 실제로 이렇게 말씀하셨다. "세상에서는 너희가 환난을 당하나 담대하라. 내가 세상을 이기었노라"(요 16:33). 우리는 세상을 이길 수 있다. 예수님이 이기셨기 때문이다. 그 이외의 다른 이유는 없다. 어떤 면에서는 이것이 바로 이 책의 유일한 메시지다.

악한 자의 조정을 받는 세상은 우리의 적이다. 세상은 우리의 욕정에 호소하면서 육신을 만족시키고, 보는 것을 탐내며, 또 위치나 소유 때문에 자신이 생각해야 마땅한 것 이상으로 스스로를 높게 생각하도록 강요한다. 물론 세상은 시험하는 자가 이용하는 수단일 뿐이다. 시험하는 자, 그가 진정한 적이다. 안에 계신 성령과 당신이 받은 새로운 마음은 욕정의 죄악된 만족과 정반대의 입장을 취한다.

그것들은 사도 베드로가 "영혼을 거슬러 싸우는 육체의 정욕을 제어하라"(벧전 2:11)고 경고하는 그 적의 침입을 막아낼 수 있도록 대거 집중된다.

앞서 예로 들었던 사례의 성격에서 보면 당신의 내적생활에 전쟁을 초래한 것은 회심 그 자체가 분명하다. 그 이전까지 당신은 자신의 고통을 잊어버리고 "악한 자 안에"(요일 5:19) 한가하게 들어가 있는 요즘의 많은 사람과 다르지 않았다. 그렇다면 갈등의 만연에 왜 놀라야 하는 것일까? 예수님, 베드로, 요한, 또는 바울의 삶을 바라보라. 당신이 확인할 수 있는 것은 끝이 보이지 않는 듯한 갈등일 것이다. 갈등은 진정한 그리스도의 교회에서 흔히 목격할 수 있다 (벧전 5:9).

하지만 절망이 아니라 기뻐해야 한다! 내적인 괴로움을 주는 전쟁이 존재한다는 사실은 우리가 구원받았다는 증거이기 때문이다. 그리고 그것은 구세주께서 우리에게 베푼 것에 대해 우리가 감사를 표할 수 있는 놀라운 기회를 제공한다. 하나님의 영광을 위해 갑옷을 입고 성령의 검을 들고 전장을 향해 당당히 걸어가라!

What is the War Like?

죄의 유혹은
하나님께
불순종하도록
만든다

이는 우리로 사탄에게 속지 않게 하려 함이라.
우리는 그 계책을 알지 못하는 바가 아니로라. 고후 2:11

———————— 갈등의 성격에 관해서는 어느 정도 이미 다루었지만 이제는 우리 논의를 그 문제에 집중해야 할 때이다. 전쟁이라고 해서 모두 동일하지는 않다. 일부는 재래부대에, 또 일부는 특수부대 등으로 소속이 다르다. 일부는 지상에서 전투를 벌이지만, 또 다른 일부는 주로 공중이나 바다에서 전투를 담당하기도 한다. 총력전은 모든 차원에서, 온갖 종류의 자원을 동원해서 싸우게 된다.

후손들 간의 전쟁은 총력전이다. 전쟁의 범위, 전쟁의 유형, 적이 사용하는 무기, 또는 다른 어느 것 하나 제한이 없다. 그렇다면 전쟁에서 우리를 지키고 적을 물리치기 위해 그 적의 능력을 어떻게 파악할 수 있을까?

전쟁이 광범위하고 적이 교활한 것은 사실이지만, 적은 선호하는 게 있으며 거듭 반복되는 형식에 따라서 행동한다. 사도 바울은 이렇게 말한다. "우리는 그 계책을 알지 못하는 바가 아니로라"(고후 2:11). 같은 단락에서 바울은 "우리로 사탄에게 속지 않게 하려고" 예방책을 제시한다. 이것을 미루어 볼 때 바울은 어쩌면 적의 전술을 예상할 수 있다고 믿은 것 같다. 만일 그렇다고 한다면 여러 상황 속에서 적의 가능한 움직임을 경고할 수 있는 표준적인 계책을 분간하는 게 가능해야 한다. 그게 아니라면 예수님이 "시험에 들지 않게 깨어 기도하라"(마 26:41)고 경고하신 것은 거의 의미가 없다. 만일 적이 공격해오는 것을 파악하는 게 깨어 있는 그리스도인에게 불가능하다면 우리가 어떻게 그 명령에 따를 수 있겠는가?

바울은 성경에 기록된 적의 전략에 대해 깨어 기도하는 영성과 결합된 경계는 불필요한 갈등이 빚어내는 위험을 벗어날 수 있게 하고, 또 피할 수 없는 공격을 성공적으로 예비할 수 있을 것으로 분명히 믿었다. 바울의 주장을 다시 한번 반복하겠다. "우리는 그 계책을 알지 못하는 바가 아니로라." 이것은 바울이 자신의 활동을 적어도 부분적으로는 전투로 간주했다는 뜻이다. 바울은 자신의 활동과 교회가 행동에 들어가도록 충고하면서 한결같이 적을 염두에 두고, 적의 가장 유력한 움직임을 저지하기 위해 예상하고 준비했던 것으로 보인다.

그러므로 우리 역시 사탄이 어떻게 전쟁을 수행하는지 익힐 수 있고, 그래서 적의 전술을 파악하고, 불필요한 전투를 피할 계획을 세워야 한다. 우리가 상대해야 하는 것들과 적절하게 맞설 수 있다면 우리에게는 희망이 있다. 오늘날의 문제는 바울과는 달리 많은 그리스도인이 사탄의 수법에 무지해서 사탄이 깔아놓은 여러 함정 가운데 어느 것에나 즐겁게 발을 들여 놓는 것이다.

당신은 그런 문제를 겪어 본 적이 있는가? 사탄의 계책이 무엇이라고 생각하는가? 고린도후서 2장 11절에 '계책'으로 번역된 말은 문자적으로는 '마음의 결과'이다. 그러므로 바울이 말하고 있는 것은 하나님의 말씀을 잘 알게 된 그리스도인은 곧장 사탄이 어떻게 생각하는지 알게 된다는 뜻이다. 따라서 그들은 사탄과 같은 마음이 고안해내는 종류의 계획과 전술을 파악하게 되고, 사탄의 공격을 예상하고 방어할 수 있게 될 것이다.

성경은 사탄과 그의 계책에 대해서 많은 이야기를 한다. 당신은 성경에서 하나님이 적에 관해 말씀하시는 것을 직접 확인할 수 있다. 당신은 사탄의 간교한 계획과 오랫동안 여자의 후손과 싸우는 데 활용한 전술들을 연구할 수 있다. 당신은 하나님의 성도들이 겪은 좌절과 패배, 환희와 승리를 목격할 수 있고, 또한 승리를 이끌어내는 이들을 본받으면서 패배를 유발하는 실패를 피하는 법을 배울 수 있다.

그런 정보를 활용할 수 있다는 것, 즉 사탄의 '계책'을 인식할 수 있음을 아는 게 중요하다. 여러 사람의 비성경적인 사고와는 대조적으로 당신은 사탄에게 좌우되지 않는다. 당신은 달아나는 것이 적당한 순간(딤전 6:11, 딤후 2:22), 저항하는 것이 필요한 순간(약 4:7, 벧전 5:9), 사탄을 유리하게 만들지 않는 신중한 행동을 하는 법(고후 2:11), 그리고 부주의한 삶 때문에 적에게 발판을 제공하는 것을 피하는 법(엡 4:27)을 배울 수 있다.

사탄의 일관된 전략은 무엇일까?

신학자 제임스 그레이엄은 자신의 저서 「하나님의 구속 계획의 신적 전개」에서 살인과 혼합을 사탄의 두 가지 주요 전략으로 꼽았다. 실제로 그는 구약성경 전체의 역사를 이와 같은 두 가지 전략을 빌어 해석할 수 있다고 생각했다.

첫째, 어떻게 사탄이 하나님의 목적에 활용하는 거룩한 후손, 특히 그리스도의 계보를 멸절시키려고 시도했는가?(아기 모세에 대한 악한 자의 공격과 하나님의 섭리적 보존 참조). 둘째, 어떻게 사탄이 혼합된 군중 (유대인들을 불평과 반역으로 인도한)과 우상의 잦은 타협이나 사람들이 죄를 짓게 만든 애굽이나 앗수르 등과의 동맹을 통해 사람들을 약화시켰는가?

구약시대와 교회시대 전반에 걸친 양쪽 모두의 역사는, 가령 이슬람교가 일찍이 강성했던 북아프리카 교회를 접수한 것과 같은 몇 가지 예외를 제외하고는 혼합은 계승되고 살해는 실패했음을 보여주었다는 게 그레이엄의 예리한 관찰이다. 사실 요즘에도 이것은 대체로 들어맞는 것으로 보인다.

따라서 전 세계적인 전투에서 볼 수 있는 두 가지 형식은 약간의 변경을 거쳐서 내적 전쟁에도 적용할 수 있다. 두 가지 가운데 변경이 더 쉬운 혼합을 예로 들어보자. 신학자 헤리 블레마이어스는 이렇게 말한다. "지난 15년이나 20년 동안 일부 그리스도인이 교회와 세상 간의 갈등이라는 개념에는 시대에 뒤떨어진 무엇이 존재한다고 가정한 것보다 기독교 운동에 더 큰 피해를 준 것은 아무것도 없었다."

바꾸어 말하자면, 그는 교육이나 매체 등을 통해 우리가 추구하는 가치나 목표에 있어서 마치 세상과 아무런 갈등이나 대립이 없기나 한 것처럼 세상을 교회에 끌어들였다고 주장하는 것이다. 이것이 바로 혼합이다. 그런데 이것이 어떻게 가능했을까? 그리스도인 각자가 기독교적 정신을 발전시키지 못했기 때문이다. 즉 성도들은 이념적이고 도덕적인 내적 싸움에서 패배했고, 그 때문에 사탄의 선전에 쉽게 현혹되고 만 것이다.

가령 최근에 낙태문제를 상대로 주가를 올린 바 있는 시술 반대 활동을 예로 들어보자. 나는 그 운동 참여자들의 목적에는 동감하지만 그들은 간디를 통해 이 나라에 도입된, 선한 법에 불복종하게 만드는 세상적이고 육체적인 전략을 채택한 게 분명하다. 성경에 따르면 그리스도인들은 법이 죄를 짓도록 만들 때만 법을 따르지 말아야 한다. 법을 침해하는 것과 그것은 별개의 일이다. 따라서 사탄과의 외적 싸움은 매체의 주목을 끌거나 힘을 동원하는 방식으로 수행되고 있다. 이것은 내적인 이념적 전투를 치르기는 했지만 패배했기 때문이다.

교회를 휩쓰는 행동주의 - 정치적인 것이든 아니면 다른 것이든 간에 - 에 대한 최근의 관심을 살펴보아도 그렇다. 시민이라면 자신의 권리를 행사해야 하겠지만 그들은 복음 전파를 하찮게 생각할 정도의 행동 역시 가능하다. 사탄은 사람의 시도와는 달리 순수한 진보가 발생하는 것은 결국 그들이 주님 편으로 모이게 될 때뿐이라는 사실을 알기에 이런 상황을 즐기고 있다. 사탄은 교회가 겉으로 드러나는 사소한 승리들을 거둔 것을 즐겨 인정하는데, 그것을 통해 교회의 관심과 시간을 진리의 전파로부터 돌려놓을 수 있는 한 그렇다. 따라서 사탄은 이것에 관한 교회의 생각에 혼란을 일으켜서 내적으로 승리를 무수히 반복하고 있다.

그리스도인을 약화시키는 여러 방법을 검토하기에는 지면이 부족하지만 '세속적인 마음'의 또 다른 표현에 불과한 '절충적'이 되는 것이 가장 대표적이다. 아마도 이 절충주의는 심리학 이론을 못 벗어난 상담, 세속적인 상업 원리와 관습을 한꺼번에 받아들인 교회 행정, 그리고 사회학적 인구통계 방법이 압도적인 선교와 교회 성장 전략들 가운데서 무엇보다 분명하게 확인할 수 있다. 이런 분야들은 무엇보다 분명하지만, 안목을 갖춘 그리스도인이라면 기독교와 세속적인 사상의 혼합이 우리 자녀들의 교육에서부터 우리 가정의 성립에 이르기까지 어느 한 곳도 예외 없이 두루 퍼져 있다는 사실을 확인할 수 있다.

교회의 전투력을 약화시키는 혼합으로 이끄는 이 모든 타협은 내적생활에서 벌어지는 싸움에서 그리스도인들이 각기 패배하는 것에서 출발한다. 이 혼합은 간혹 교회 지도자들 – 대학과 신학교 교수들, 교회의 목회자들, 그리고 매체를 통해 그리스도인들의 하루하루 생각을 지배할 수 있는 재력을 갖춘 기독교 유명 인사들 – 로부터 시작된다. 물론 그리스도인 각자가 적이 활동하는 경로를 자각하고 성경의 진리를 충분히 알고 있다면, 신뢰하는 지도자들이 길을 잘못 들어서도록 용납하지 않고, 자신이 전해 들은 것이 사실인지 확인하려고 날마다 성경을 상고할 것이다. "베뢰아에 있는 사람들은 데살로니가에 있는 사람들보다 더 너그러워서 간절한 마음으로 말씀을 받고 이것이 그러한가 하여 날마다 성경을 상고하므로"(행 17:11).

그들은 거짓 교사들이 교회 밖에서뿐만 아니라 안에서도 공격한다는 사실을 알 것이다. 그리고 그들은 곧 거짓을 분간하는 것에서도 전문가가 될 것이다(행 20:29-31). 그러나 그들은 분별력이 결여되어 있고, 바울이 충고한 대로 '훈계'를 받지 못했다(행 20:31). 그들은 시온에서 한가롭게 지냈고, 그 덕분에 "광명의 천사로 가장한 자"(고후 11:14)로부터 교육받은 것을 대부분 쉽게 삼켜버렸다. 그들은 게으르고 교육받지 못한 탓에 추상적이고 비성경적인 자신들의 평가에 따르면 "그것이 마음에 든다"고 말한다.

그리스도인 개인의 내적 전투에서 살인을 규명하기란 극히 어렵다. 그럼에도 불구하고 살인은 벌어지고 있다. 사탄이 그리스도인들에게 죄에 물든 생활양식의 결과를 상쇄하도록 식생활이나 음주, 흡연, 또는 해로운 약품들을 습관적으로 취하는 데 동의하도록 유혹할 경우 교회에 외적인 박해를 가하는 것보다 더욱 성공적이다. 직접적인 박해는 순수하지 못한 교회들을 걸러내고 교회로 하여금 분발하게 하는 경향이 있다. 교부 터툴리안이 언젠가 말한 것처럼 말이다. "순교자들의 피는 교회의 씨앗이다."

이런 남용의 습관은 불규칙한 생활, 염려, 낙심, 우울함, 고통, 그리고 우리를 지치게 하고 무능력하게 만드는 다른 여러 습관과 더불어 꽤나 흔하다. 그리고 자살이 자기 살인이 분명한 것처럼 그러한 죄악들 역시 살인자가 아니라 명령을 내리는 분에게 온갖 해를 가하는 것이기도 하다. 그리스도인들은 명령자의 도움 없이는 얼마 지나지 않아 약화될 자신의 몸을 보존하는 데 가능한 모든 관심을 보일 것이다. 인간의 몸은 더럽혀서는 안 될 성령의 전이다. 사탄은 살인을 반대하는 하나님의 법에 불복종하는, 그럼으로써 성령을 무시하고 슬프게 만드는 무능력한 그리스도인을 원하기 때문에 앞서 소개한 방식으로 하나님께 불순종하도록 유혹하는 것으로 그리스도인을 공격한다.

거짓과 시험이라는 또 다른 전략

사탄의 두 가지 주요 궤계에 대한 그레이엄의 설명이 유용하기는 하지만 완벽하게 들어맞지는 않는다. 특별히 적이 전쟁을 치르는 방법들을 이해하는 것 역시 중요하다. 두 가지만 거론해보자. 첫째는 거짓과 기만이고, 둘째는 시험이다. 내가 이것들을 따로 거론하는 것은 단순히 앞에서 언급한 것에 덧붙여야 하기 때문이 아니라 어떤 의미에서는 그것들이 전쟁의 전략이라기보다는 그리스도인을 혼합이나 자기 살인으로 유도하는 사탄의 주요 방법들이기 때문이다. 아담과 하와가 타락하고 예수님을 제외한 인류 전체가 진리 대신 거짓을 받아들인 것은 사탄의 거짓을 믿었기 때문이다. 우리 역시 기만에 필수적인 접근을 적에게 허용했던 것은 그의 의심과 거부를 확산시킨 침입으로부터 우리의 동산을 지키지 못했기 때문이다.

　본래는 완벽했던 아담과 달리 성도들에게는 악한 존재가 호소할 수 있는 것이 여전히 많다. 다른 성도들에 대한 악한 욕심과 범죄, 따라서 시험은 그의 강력한 무기라는 것이 입증된다. 사실 도구라는 말로도 가능한 이런 두 가지 방법은 하나님이 "시험하는 자"(마 4:3, 살전 3:5)와 "온 천하를 꾀는 자"(계 12:9)라고 부르시는 적의 일상적인 전쟁 수행 형태의 일부이다.

　적은 대개 진리와 거리낌 없이 혼합되는 실수를 활용함으로써 "마음을 혼미하게"(고후 4:4) 하고, 하나님으로부터 선택받은 사람들까지도 "미혹"(마 24:24)하려고 접근한다. 사탄은 거짓 예언자들을 통해 성도들 대부분에게 이상하고 파괴적인 교훈(고후 11:13-15, 요일 4:1, 히 13:9, 벧전 2:1)을 받아들이도록 유혹하고, "능력과 표적과 거짓 기적"(살후 2:9)을 통해서 기만한다. 그리스도인은 예외 없이 그런 실수와 오류라는 맹렬한 공격을 상대로 자신의 내적 사고 구조 속에서 전쟁을 치러야 한다.

　하나님이 주신 책임감보다는 개인의 단순한 욕망을 뒤따르는 시험은 언제나 존재한다. 이것들 자체가 악하지 않더라도 말이다. 여러 유사한 경고 가운데 요한일서 2장 16절에서 지적하는 것이 바로 이 시험이다. "육신의 정욕과 안목의 정욕과 이생의 자랑." 실수는 지속적으로 죄를 짓게 하는 습관을 정당화하는 것으로 보이기 때문에 종종 받아들여지고, 그 때문에 사탄의 두 가지 방법인 기만과 시험이 서로 영향을 미친다.

"그렇다면 이 궤계와 방법들은 실제로 어떻게 작동할까?" 우리는 다음 장에서 몇 가지 전형적인 사례를 자세히 다룰 것이다.

05

Some Cases in Point

육신의 정욕과
안목의 정욕
이생의 자랑이
그것이다

이는 세상에 있는 모든 것이 육신의 정욕과
안목의 정욕과 이생의 자랑이니 다 아버지께로부터
온 것이 아니요 세상으로부터 온 것이라. 요일 2:16

혼합, 가치가 뒤섞인 밀드레드의 내적 싸움

신앙이 강하지 못한, 나이 어린 그리스도인 밀드레
드는 시험과 기만의 대상이 되기에 적당했다. 그녀는 이미 구원받지
못한 친구들 때문에 사탄의 거짓에 빠져들어 타협을 하고 말았는데
(고전 15:33), 그중에서도 롭이 그녀에게 아이를 갖게 만들었다. 그
녀는 기만에 관여하게 되었고, 부모에게는 거짓말을 했으며, 옳다고
생각하는 모든 이를 배반했었는데, 이제는 문제에 말려들고 말았다.
하지만 밀드레드는 지난 몇 달 동안 배반을 거듭하고 살면서 자기기
만의 전문가가 되어 스스로에게, 또 구원받지 못한 친구들로부터 확
인을 얻어가면서 자신이 바라는 것이 옳은 것이라고 이야기해왔다.

그러나 이제 그것을 시험하는 순간이 분명히 돌아왔고, 죄의 결과는 분명했다. 그녀의 친구들은 이렇게 말했다.

"문제없어. 지워버려. 누구나 그렇게 하고 있어. 부모님에게 그것을 말할 수도 없잖아."

그녀는 어떻게 해야 할까? 거짓은 별개의 일이지만 이제는 그녀의 거짓말, 배반, 그리고 자기기만이 자신이 결코 다다르지는 않을 것으로 생각한 지점에 집중하게 되었다.

"내가 어떻게 믿을 수 있겠어. 나는 지금 살인을 저지를 생각을 하고 있는 거야! 나는 실제로 이곳에 앉아서 소중하고 어리고 희망없는 인생을 마치 촛불처럼 꺼버려야 할 것인지 아닌지의 여부를 놓고서 망설이고 있는 거라고! 나 자신을 믿을 수가 없어. 나에게 무슨 일이 일어난 거지?"

밀드레드에게 무슨 일이 일어났는가? 그녀는 혼합을 빌어서 타협했고 혼란에 빠져들었다. '친구들' 때문에 세상의 사고와 방법에 빠져들게 되었다. 그런데 하나님이 말씀하신 것처럼 세상의 방법과 생각은 하나님의 그것과 같지 않다.

"이는 내 생각이 너희의 생각과 다르며 내 길은 너희의 길과 다름이니라. 여호와의 말씀이니라. 이는 하늘이 땅보다 높음같이 내 길은 너희의 길보다 높으며 내 생각은 너희의 생각보다 높음이니라"(사 55:8-9).

그녀에게 희망이 있을까? 밀드레드는 그리스도인이다. 꽤나 불순종적이지만 그럼에도 불구하고 성령이 거하시는 그리스도인이다. 이것이 바로 자기 인생에서 가장 중대한 내적 싸움을 벌이려는 이유이다!

전쟁은 어떻게 진행될까? 그것은 하기에 달렸다. 그녀는 사탄이 자신의 군대에 속한 친구들을 통해 거침없이 아까운 듯 제공하는 '친근한' 충고에 계속해서 귀를 기울일까? 그렇지 않으면 그들과 등 돌리고 부모나 청소년 상담가, 또는 목사에게 도움을 구할까? 그렇게만 한다면 그녀가 진정으로 회개하고 하나님이 원하시는 행동을 하는 것일까? 그녀가 바른 행동 진로를 택한다 하더라도 그렇게 하도록 이끄는 것은 무엇일까? 계속해서 살인자라고 그녀를 비난할 양심과 더불어 지내야 할 두려움 때문에 아이의 생명을 보존하려는 것일까? 그렇지 않으면 그녀가 이 사건 때문에 정신을 차려서 회개라는 힘겹지만 올바른 길과 생활방식의 변화를 선택하려는 것일까? 그녀는 이제 다른 사람이나 자기 자신보다 하나님을 더욱 기쁘게 하기를 원하기 때문에 죄악과 친구들로부터 돌아서려는 것일까?

이런 생각이 그녀의 마음을 엄습했다. 친구들과 내재하시는 성령이 서로 줄다리기를 했다. 그녀는 허약했다. 그녀의 배반이 도덕적인 능력을 상당 부분 앗아갔다. 그녀는 문제를 직접 생각하는 것도 쉽지 않았다. 그녀는 친구들을 포기하고 싶지 않았다.

"어쩌면 롭이 나와 결혼하고 그리스도인이 될지도 몰라!"

그녀는 가망 없는 말을 스스로에게 했다.

"그런데 내가 그 이를 포기하고 이 아이를 기르면 어떻게 될까? 결혼할 수 있을까? 아이를 양자로 보낼 수야 있겠지만 내가 그럴 수 있을까? 정말? 그것은 꽤나 힘들겠지. 내가 아이를 낳으면 사람들은 어떻게 생각할까? 모욕을 감수할 수 있을까? 나는 절대 교회나 청소년 모임에 참석할 수 없을 테지. 이 소식을 들으면 부모님은 어떠실까? 하지만 아이를 죽일 수는 없어. 만일 그런 일을 저지르면 하나님은 나를 용서하실까? 그리고 나는 살인자가 아니라고…. 어떻게 해야 할까?"

혼합! 가치, 동기, 생각이 뒤섞여 있다. 이 얼마나 음흉한가! 사탄은 혼합에 능숙하다. 밀드레드는 어느 정도나 절실히 사탄이 유발한 실책을 마음에서 지우고 하나님의 전신갑주를 입고자 할까? 그녀는 이 전쟁을 치를 준비가 되어 있지 못했다. 그녀 홀로 전장에 서 있고, 도움을 줄 수 있는 사람들로부터는 전혀 격려받지 못하고 있다. 그녀는 사탄의 계략을 충분히 인식하지 못해서 한층 더 커다란 죄악의 일차 목표가 되고 말았다.

그러나 그런 무서운 영적 상황에 처하지 않았더라면 그녀는 자신의 지혜와 능력을 동원해서 싸움을 벌일 수 없었을 것이다. 나중에 보게 되겠지만 성령만이 하나님의 말씀을 이해하고 그에 따라 행동할 수 있게 하신다. 이것이 사탄과의 전쟁에서 승리를 거두게 되는 절차이다.

밀드레드는 성경의 지식은 물론 심지어 그것을 구할 수 있는 도움과도 거리가 멀었고, 덕분에 악한 자를 극복하는 데 필수적인 능력이 결여되어 있었다. 그녀는 적과 너무도 오랫동안 한패로 있었다. 그녀는 악에 쉽게 넘어가고 죄에 간단히 빠지는 사람이다. 맞는가?

그럴 수도 있고 아닐 수도 있다. 게다가 그녀는 주님과 멀리 떨어져 있었고, 의지할 데가 거의 없었다. 그러나 그녀가 진정으로 회개하고, 그녀의 배반과 죄악에 대한 하나님의 용서를 구하며, 또 기도를 통해 주님과 성경, 또는 교회에 속한 이들이나 그녀의 행동을 지원할 수 있는 가정의 상담으로부터 도움을 모색한다면 그녀는 모든 것을 뒤집을 수 있을 것이다. 하나님은 이렇게 말씀하신다.

"악인은 그의 길을, 불의한 자는 그의 생각을 버리고 여호와께로 돌아오라. 그리하면 그가 긍휼히 여기시리라. 우리 하나님께로 돌아오라. 그가 너그럽게 용서하시리라"(사 55:7).

사실 이 전체적인 경험은 영광스러운 승리로 바뀔 수 있다. 그것은 실제로 그리스도와의 진정으로 생생한 관계의 시작일 수 있다. 사도 바울은 그것을 이렇게 설명한다. "율법이 들어온 것은 범죄를 더하게 하려 함이라. 그러나 죄가 더한 곳에 은혜가 더욱 넘쳤나니"(롬 5:20). 하나님은 비극을 승리로 바꾸는 일에 함께하신다. 예수 그리스도의 십자가는 언제나 이 사실을 굳건히 증언하고 있다.

브레드의 자기연민과의 싸움

극히 전형적인 이야기를 하나 더 소개하겠다. 브레드는 그리스도인이지만 그의 아내 샐리는 혐오스럽고 신앙은 전혀 모르는 사람이다. 잠언에 기록된 불평을 일삼는 여자의 지속적인 잔소리는 시냇물 소리에 불과할 정도이다. 브레드가 그리스도인이 되고 자신의 신앙에 따라서 생활방식을 고친 이후로 샐리는 줄곧 그를 우스갯거리로 만들어 다른 친구들 앞에서 그를 난처하게 만들었을 뿐만 아니라 그의 삶을 가능한 한 고통스럽게 만들려고 노력했다. 사실 1년 이상 그와 잠자리를 같이하지 않은 것은 압권이었다. 그런 옳지 못한 행동은 물론, 당시 그녀는 남편을 자극시키고 난 다음 만족시키는 것은 거절했다.

브레드는 자신이 그리스도인답게 행동해야 한다는 것을 알고 있었다. 그는 가능한 한 완벽하게 자신이 담당한 결혼 서약의 한쪽을 고수해야 하는데, 하나님과 맺은 약속 때문이었다. 하나님은 그에게 패배를 안기지 않았고 잘못을 범한 것은 아내 쪽이었다. 그리고 그녀는 그리스도인이 아니었기에 남편이 새로 발견한 신앙을 인정하지 않으려 한 것은 당연했다. 결국 그녀에게 남편은 자신이 선택한 사람이 아니었다. 만일 브레드가 하나님이 요구하시는 대로 그분을 기쁘게 하려고 한다면, 또한 하나님과 관계를 유지하면서 복종하고 예배하려고 모색한다면 샐리가 그리스도인이 되건 그렇지 않건 간에 성공을 거둘 것이다. 그는 하나님을 기쁘게 했기 때문이다. 그리고 그는 이것이 무엇보다 소중하다는 사실을 잘 알고 있었다. 그의 평화와 행복은 샐리나 그녀의 분위기가 아니라 하나님의 성실하심에 달려 있었다.

"하지만 그 일은 내게 너무 힘들어." 그가 자신에게 말한다.

"집사람에게 약간의 격려라도 받았더라면 좋았을 걸! 조금이라도 그녀의 변화를 볼 수 있었으면 얼마나 좋을까! 하지만 날이 바뀌고 주가 바뀌어도 더 악화되는 것 말고는 달라지는 게 없잖아. 생각과 행동을 순수하게 지키는 힘겨운 순간이 이런 것이겠지!"

이것은 그의 전쟁이다. 그는 하나님의 답변을 잘 알고 있지만 마음속으로는 이렇게 자문한다. '하나님은 약간의 성적 외도라도 용납하지 않으실까? 그분은 내가 교회의 다른 성도들처럼 정상적이 되는 것을 바라지 않으실까? 하나님은 내가 자제력이 부족하다는 것을 알고 계셔. 그런데 그렇게 한다고 해서 무슨 해가 되겠어?'

브레드는 관계를 맺을 수도 있다고 확신하는 몇 명의 여성들과 함께 일하고 있었다. 사실 그들 가운데 한 명인 아래층 사무실의 꽤나 매력적인 비서는 종종 유혹으로밖에는 해석할 수 없는 신호를 보내기도 했다. 지금까지 브레드는 그것을 무시하고 반응을 보이지 않았다. 그는 다음번 신호에는 반응하면서 그것이 어디로 가는지 확인해야 할까? 그렇지 않으면 무언가라도 시작해야 할까? 이런 생각들과 또 그와 비슷한 여러 가지 것들이 거듭 그의 마음에 쇄도했다.

브레드는 자기연민에서 헤어 나오지 못하고 있는데, 그것은 위험하다. 자기연민은 죄를 합리화시키는 소재이다. 적절한 순간에 힘과 도움을 구할 수 있는 건전한 방향으로 나아가는 대신 재앙이 될 것을 가볍게 생각하는 것이다. 사실 고통의 전주로서 그는 은밀하게 음란물을 습관적으로 보게 되었고, 또 나중에는 성인영화를 보러 몇 차례 영화관을 찾기도 했다. 오랫동안 자위행위로 문제를 해결해왔고, 그런 습관 때문에 성에 지나치게 집착하게 되어서 거의 다른 것을 생각할 겨를이 없었다.

브레드는 문제에 빠졌다. 그는 전쟁 상태에 있고, 사상자가 될 수도 있다. 이것이 전쟁이라는 것, 그가 견디고 있는 갈등이 하나님의 이름과 영광이 걸린 후손들 간의 전면전 가운데 일부라는 것을 기억하는 것은 그에게 도움이 될 것이다. 전장에서 편안한 순간을 기대하기는 어렵다. 예수 그리스도께서는 자신의 군사들에게 "고난을 받으라"(딤후 2:3)고 요구하신다. 전쟁에는 자기연민이 끼어들 여지가 전혀 없다.

브레드가 지니고 있는 기본적인 문제 가운데 하나는 군사적인 시각에서 자신의 어려움을 파악하지 못하는 것이다. 그는 아래층 홀에서 근무하는 비서의 정체, 즉 그를 넘어뜨리려는 계략을 확인할 필요가 있다. 그렇지 않으면 잠언서 기자의 말대로 그녀는 깊은 구렁이며 좁은 함정이라서 그가 그 길을 따라가면 넘어지고 빠질 것이다. "대저 음녀는 깊은 구덩이요 이방 여인은 좁은 함정이라"(잠 23:27). 그는 음란물이나 영화가 적의 선전 전략이라는 것을 깨달아야만 한다. 그것들에 시간을 빼앗기는 것은 반역죄에 가깝다. 그리고 성적 충동 때문에 자위를 빌어 자기만족에 집착하는 것은 범죄이다. 그의 몸은 배우자만을 위해서 존재할 뿐이다. "아내는 자기 몸을 주장하지 못하고 오직 그 남편이 하며 남편도 그와 같이 자기 몸을 주장하지 못하고 오직 그 아내가 하나니"(고전 7:4).

그의 경험 전체를 적당한 성경적 전쟁의 변수에 따라서 구성하는 것은 여러 가지 면에서 현저한 차이를 드러낸다. 만일 이것을 시도할 경우 브레드는 자신의 전투 무기가 새로울 수 없고, 하나님의 능력 있는 무기들이 손에 들려 있음을 알게 될 것이다(고후 10:4). 그는 자신이 자제력이 거의 없다고 주장한다. 자제력은 성령의 열매이다. "온유와 절제니 이같은 것을 금지할 법이 없느니라"(갈 5:23). 그가 자신에게서 발견한 것들보다 그 열매를 계발하고 활용할 수 있는 더 좋은 상황은 무엇이 있을까? 실제로 이것이 바로 전면전 그 자체가 될 수 있을까?

브레드가 주님, 그분의 말씀, 그분의 무기, 그리고 그분의 백성들을 의지할 경우에만 그리스도를 위해서 놀라운 승리를 거둘 수 있다. 그리고 그는 그 일을 겪으면서 놀라운 성장을 겪을 것이다. 그러나 만일에 그가 금지된 행로를 고집한다면 자신에게는 치욕이, 그리스도의 이름에는 불명예가 놓이고, 마침내 샐리를 그리스도께로 인도할 수 있는 증인을 잃게 될 것이다.

내적 전쟁에 관한 이런 두 가지 사례를 통해 당신은 살인과 혼합이 작동하고 있음을 쉽게 확인할 수 있다. 사탄은 문자 그대로 밀드레드의 유아살인을 원하고 있고, 그녀를 살인자로 만들고자 한다.

사탄은 낙태를 빌어서 그녀의 몸에 해를 가하고, 계속해서 죄의 엄청난 무게를 유지하며, 그녀의 건강이 망가지기를 바란다. 사탄은 도처에서 친구들의 형편없는 충고, 하나님과 그분을 거역하는 자신의 범죄보다는 스스로에게 집중된 초점, 그리고 쉽게 반복될 수 있는 자기기만과 거짓의 습관에 호소함으로써 계속해서 그녀가 죄를 짓도록 유혹하고 있다. 실제로 사탄은 그녀를 더 나쁜 쪽으로 이끌려고 시도하고 있는 것이다.

그녀는 어떻게 해야 할까? 당신이라면 어떻게 하겠는가? 시험을 감당할 수 있을까? 자신보다는 주님을 향해서 훈련된 눈으로 하나님의 전쟁을 치를 수 있을까? 사탄의 궤계를 벗어날 수 있을 정도로 그것들을 간파할 수 있을까? 어느 곳에 도움을 청해야 할지 알고 있을까? 밀드레드처럼 당신은 혼란스러운 마음 때문에 고통을 겪고 있지는 않은가?

이런 질문들은 당신이 밀드레드나 브레드와 같은 경험을 일찍이 겪었든 아니든 간에 매우 중요하다. 당신 역시 전쟁에 참여하고 있기 때문이다. 당신이 외부의 전투에서 승리를 거두기 전에 승리해야 할 내적 전투가 언제나 존재한다. 당신은 영적 싸움을 위해 어느 정도나 충분한 훈련을 받았는가? 전장에서 담당한 역할과 전투가 당신의 주위와 안에서 어느 정도 극심한지를 생각해야 할 순간인가? 당신은 매일의 경험을 적과의 조우로 생각하고 있는가? 우리가 브레드의 경우에서 본 것처럼 그렇게 간주한다면 차이를 만들어낼 수 있을까?

나의 희망은 무엇보다도 이 책이 당신을 성경적인 전쟁의 윤곽을 따라 생각하기 시작하게 하는 것이다. 우리 가운데 꽤 많은 사람이 우리의 삶, 문제, 그리고 결정을 전쟁의 시각에서 거의 생각하지 않는다는 사실은 현대 교회의 무기력함을 상당 부분 설명해주고 있다.

그 어느 시대 그리스도의 교회도 지금보다 더 많은 인원, 더 많은 자원, 더 많은 부, 더 많은 자유, 그리고 적을 밀어붙일 수 있는 더 많은 기회를 가져본 적이 드물다. 이것은 미국뿐만 아니라 세계 대부분이 그렇다. 하지만 교회는 정말 무능력하다! 그 영향력은 정말 미약하다! 도대체 무엇이 문제인가? 하나님의 군사들은 무엇이 날아오는지도 모르는 채 전장 곳곳에 산재해 있다. 왜 그럴까? 그들은 자신이 전쟁을 치르고 있는 것조차 모르기 때문이다.

그리고 무지한 상태에서 위험으로부터 자신을 보호하기 위해 받지 않아도 될 박해를 감수한다. 적의 전략이나 전투를 치르는 방법을 거의, 혹은 전혀 알지 못하기 때문이다. 그들은 전쟁을 치러보거나 영적 무기들을 사용해 본 적이 없다. 그들은 전쟁을 대비하지 않은 병사들이다. 그리고 무엇보다 나쁜 것은 그들이 후손들 사이에 전 세계적인 전쟁이 진행되고 있음을 결국 깨닫게 될 때, 이 전쟁이 내적 싸움에서 승리하는 이들에 의해서만 성공적으로 치러질 수 있다는 사실을 파악하지 못하고 있다는 점이다.

나팔을 불고 작전에 투입될 군사들을 소집할 순간이 찾아왔다. 우리는 기상나팔을 불어야 한다. 그렇지 않으면 우리는 곧 소등나팔을 연주하게 될지도 모른다.

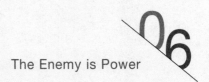

The Enemy is Power

기만과
외적 수단을 통해서만
시험하는
제한적 능력이다

하나님께로부터 난 자는 다 범죄하지 아니하는 줄을
우리가 아노라. 하나님께로부터 나신 자가 그를 지키시매
악한 자가 그를 만지지도 못하느니라. 요일 5:18

──────── 이런 전쟁에는 늘 두 가지의 위험이 존재하는데, 위
험하기는 둘 다 마찬가지다. 적을 과소평가할 수 있다는 것, 그리고
적을 과도하게 높이 평가할 수 있다는 것이다. 두 가지 잘못은 교회
안에서 흔히 있어 왔는데, 간혹 동시에 존재하기도 했다. 하지만 대
개는 어느 한쪽이 우세했다.

간혹 사탄은 무시당하거나, 실제 존재를 의심받고, 그렇지 않으
면 놀림거리가 되기도 했다. 사탄은 대개 뿔과 꼬리, 그리고 쇠스랑
에 붉은 플란넬 속옷을 입은 모습으로 그려졌다. 그런 어리석은 행
동과 함께 하나님이 천국을 향해 가듯이 사탄은 지옥을 향해서 달려
간다는 이상한 생각이 따라다녔다.

비합리주의라는 해일의 영향으로 오늘날 교회가 사탄의 능력을

지나치게 강조하는 그릇된 교훈을 못 벗어나고 있음을 우리는 알고 있다. 많은 그리스도인이 사탄에 대한 두려움 때문에 굽실거릴 뿐만 아니라 사탄을 섬기는 마귀들의 능력에 관한 성경 이외의 온갖 교훈들을 꾸며낸다. 일각에서는 부정한 영이 거룩한 영과 나란히 그리스도인의 안에 거할 수 있다고 가르치는 데까지 이르고 있다. 나는 그런 그릇된 교훈들처럼 용서받을 수 없는 죄의 수준에 가까이 도달한 것을 알지 못한다.

적에 대해 상당히 혼란스럽다면 그에 대한 성경의 교훈을 분명히 이해하는 게 중요하다. 우리가 만일 암흑의 왕국을 상대로 싸우고, 권세 잡은 자들과 다투며, 또 세상을 이겨야만 한다면 그들의 능력과 권위의 한계를 알아야만 한다.

사탄은 강력하다

성경에 등장하는 사탄의 행위에 대한 언급과 성경이 사탄에 관해서 제공하는 경고 때문에 우리가 그를 무시하는 것은 분명히 어리석은 행동이다. 우리는 그가 자신을 따르는 천사들과 함께 지상으로 쫓겨났기 때문에 "크게 분내어 너희에게 내려갔음이라"(계 12:12)고 들었다. 그리고 베드로는 우리에게 "근신하라. 깨어라"고 요구한다. "너희 대적 마귀가 우는 사자같이 두루 다니며 삼킬 자를"(벧전 5:8) 찾고 있기 때문이다. 적의 사나움은 오직 패배하고 하늘에서 쫓겨났다는 사실 때문에 격렬해지는 것으로 보인다. 상처 입은 사자가 죽음이 임박한 것을 알기 때문에 더욱더 위협적이 되는 것처럼 사탄은 가능한 한 누구에게나 절망적으로 공격을 퍼붓는다.

따라서 강한 자(사탄)가 묶였고(마 12:29), 그리스도께서 그의 졸개들을 물리치고 무장해제를 시켰을지라도(골 2:15), 그리고 패배한 적(히 2:14-15, 계 12:7-12)일지라도 그는 여전히 종말을 맞지 않은 얕잡아 볼 수 없는 적이다. 그는 남겨진 시간 동안 하늘나라 군대를 물리치지 못하면 성도들과 전쟁을 벌이겠다고 결정을 내린 상태이다(계 12:17).

유다는 사탄에 관해서 명쾌하게 설명한다. 유다는 사탄이 타락과 퇴보에도 불구하고 여전히 영광스러운 존재들에 속하는 것으로 꼽으면서 그에게 "비방하는 판결"을 쓰는 것을 경고한다(유 1:8-9). 하지만 오늘날 소위 여러 '구출' 집회에서 설교자들은 그에게 독설을 퍼붓고, 설교 중에 그를 비웃으며 우스운 농담을 던진다. 그것은 위험한 사업이다. 때가 되면 그들이 천사장 미가엘처럼 사탄을 조심스럽게 대한 경우보다 더욱 커다란 고통을 겪게 될 수도 있기 때문이다. 우리는 적어도 바로 이런 일들을 실제로 벌이던 방송전도자 한 사람의 타락을 지켜보았다. 그들은 이런 행위들에 집착함으로써 사도 유다가 경고한 이런 이단자들, 즉 "그 알지 못하는 것을 비방"(유 1:10)하는 이들과 나란히 자리를 같이한다.

사탄은 강력하고, 따라서 현재 우리와의 관계를 지속하는 한 우리는 그의 권세를 무시해서는 안 된다. 설사 사탄이 그것을 오용하더라도 말이다. 모든 권세는 하나님으로부터 나온다. 바울은 하나님이 로마 황제들에게 권세를 주셨기 때문에 그들에게 복종해야만 한다는 점을 분명히 말했다. 비록 그가 그것을 범죄에 남용하는 것을 인정할 수 없었지만 말이다(롬 13:1-7). 그리고 베드로도 가정, 국가, 그리고 다른 곳에서의 정당한 권위를 인정하도록 주장했다(벧전 3:1-7,13-17). 그것이 비록 오용되더라도 말이다. 우리는 이것들과 마찬가지로 사탄이 여전히 유지하고 있는 권위의 잔재를 인정해야 한다.

루터가 직접 찬송가를 만들면서 "모략과 권세를… 누가 당하랴" 라고 표현한 것은 그것을 적절히 지적한 것이다. 사탄은 본래 인간보다 강력하고, 또한 너무 교활해서 허약한 우리가 죄를 지은 상태로는 도움 없이 감당할 수 없다. 이것이 바로 우리가 사탄을 조심해야 할 이유이기도 하다. 이와 관련해서 스펄전은 이렇게 말했다. "그는 가장 지혜로운 자보다 더 교활하다. 그가 얼마나 빨리 솔로몬을 곤경에 빠뜨렸는가! 그는 가장 강한 자보다 더 강하다. 그가 얼마나 치명적으로 삼손을 무너뜨렸는가! 그렇다. 이외에도 다윗처럼 하나님의 뜻을 따르는 사람들이 그의 유혹 때문에 대부분 비통한 범죄를 저질렀다."

그러나 사탄의 능력은 제한적이다

하지만 우리가 그렇게 말한 이후에라도 사탄이 완벽

한 능력을 지닌 게 아니라는 사실을 기억하지 않으면 안 된다. 사탄의 권세와 능력을 무시하거나, 또는 그것을 위협 정도로 간주하는 것이 잘못이라면 그 앞에서 두려움 때문에 움츠러드는 것 역시 잘못이다. 우리는 이런 말씀을 알고 있다. "이는 너희 안에 계신 이가 세상에 있는 자보다 크심이라"(요일 4:4). 당신 안에 계신 성령은 사탄보다 훨씬 더 강력하시다. 예수님이 사탄에게 다가설 때마다 두려워한 쪽은 그들이었다. 위험 그 자체를 인식하는 것과 그에 앞서 엄청난 두려움 때문에 떠는 것 사이에는 큰 차이가 있다.

사탄이 크게 분내고 지상으로 내려왔을지라도 무적은 아니다. 성도들은 죽기(순교하기)까지 확고하게 남아 있음으로써 "어린 양의 피와 자기들이 증언하는 말씀으로써 그를 이겼으니"(계 12:11). 사탄의 지배권에 속한 세계는 강력하지만 예수님은 이렇게 말씀하셨다.

"세상에서는 너희가 환난을 당하나 담대하라. 내가 세상을 이기었노라"(요 16:33).

그 일이 간단하지는 않지만 사도 요한은 이렇게 주장했다.

"무릇 하나님께로부터 난 자마다 세상을 이기느니라. …예수께서 하나님의 아들이심을 믿는 자가 아니면 세상을 이기는 자가 누구냐"(요일 5:4-5).

하나님은 당신이 악의 세력을 두려워하거나 아첨하는 것을 원하지 않으신다. 하나님은 당신이 사탄과 그의 세계, 그리고 시간만 있으면 당신을 죄로 유혹하는 수많은 사탄을 상대로 승리하기를 기대하신다. 당신이 명령받은 대로 믿음을 굳게 하여 사탄과 맞서면 그는 당신을 피할 것이다(약 4:7).

이 문제에 관한 적절한 성경의 관점을 익히는 것이 중요하다. 오늘날 많은 사람이 자신의 범죄를 '악마가 시켜서 한 일'이라는 주장을 변명으로 내세우고 있기 때문이다. 이것은 그리스도인에게 전혀 어울리지 않는 말이다. 그리스도인은 사탄에게 아첨하지 않는다. 범죄에는 변명의 여지가 없다. 시험을 거역하는 일도 가능했을 것이다. 당신은 그런 변명의 희생물이 된 적은 없는가? 당신이 내적 싸움에서 승리하려고 한다면 즉각적으로 거부해야 한다는 것 역시 사탄의 거짓말 가운데 하나이다. 사탄은 당신이 아무런 도움을 받을 수 없으며, 또한 자신이 당신을 이길 수 있기 때문에 당신은 손을 움직일 필요도 없다고 믿게 하고 싶어 한다. 사탄은 당신이 움츠러들고 별다른 저항 없이 시험에 넘어가기를 원하고 있다. 이런 비성경적 교훈들을 받아들인 수많은 그리스도인이 전쟁에서 패배하는 것은 당연한 일이다!

나는 최근에 다른 점에서 아주 유용한 책을 읽었는데, 그 책은 사탄이 저자의 마음속에 어떤 생각들을 불어넣었다는 주장이 문제였다. 저자는 자신이 그런 죄악 된 행동들을 결코 생각해 낼 수 없었다고 주장했다. 저자의 이름이나 책 제목을 밝히는 데는 관심이 없다. 나는 그녀에게 그 문제에 관해서 편지를 보냈다. 자신의 주장을 적절하게 고칠 것이라고 희망했기 때문이다. 하지만 사탄이 우리의 생각이나 행동에 직접적인 영향을 미친다는 견해는 사실일까?

당신은 앞에서 언급한 책에 대한 나의 평가를 미루어 볼 때 내가 그렇게 생각하지 않는다는 사실을 알고 있다. 그렇다면 이유는 무엇일까? 먼저, 지금까지 논의해 온 모든 것이 그 개념과 모순을 이루고 있다. 둘째, 예수님은 산상설교에서 다른 곳과 마찬가지로 우리가 자신의 사고에 책임이 있다는 사실을 분명히 지적하셨다. 사고가 다른 존재의 조종을 받을 수 있다면 그런 주장은 불가능하다. 하지만 세 번째 이유는 반박의 여지가 없다. 사도 요한은 이렇게 말한다.

"하나님께로부터 난 자는 다 범죄하지 아니하는 줄을 우리가 아노라. 하나님께로부터 나신 자가 그를 지키시매 악한 자가 그를 만지지도 못하느니라"(요일 5:18).

하나님은 이 대목에서 당신이 거듭났다면 예수님이 악한 자로부터 '지킨다'(보호한다)는 점을 상세하게 설명하고 있다. 당신과 악한 자 사이에 서 있는 그리스도보다 사탄이 더욱 강력할까? 당신은 말한다. "아닙니다. 하지만 나는 그 보호를 뿌리칠 수 있지 않을까요?" 그렇지 않다. 당신은 불가능하다. 그러나 그 가능성을 인정하더라도 나머지 구절을 보면 이렇다. "악한 자가 그를 '만지지도' 못하느니라."

이것은 정말 소중한 말씀이다. 이 언약은 그리스도인 사이에서 거듭해서 반복되지 않으면 안 된다. 그것은 사탄의 능력이 거짓말을 퍼뜨리거나 외적 수단들을 통해서만이 당신을 시험하는 것으로 제한되어 있다는 뜻이다. 그는 당신이나 당신 마음을 소유할 수 없다. 그는 당신의 머릿속에 직접 생각을 심지 못한다. 그는 당신에게 어떤 것도 시킬 수 없다. 이 진리는 한편으로 전혀 변명의 여지를 주지 않는 반면, 또 다른 편으로는 그것을 따스하게 받아들이는 이들에게는 커다란 희망과 위로를 준다. 이것을 반드시 기억해야 한다. 즉 사탄은 세상과 당신의 욕정에 호소해서 영향을 줄 수 있는 것 이외에는 어느 것도 사용할 수 없다!

사도 요한이 사용한 '만지다'(hapto)라는 말이 「칠십인역」의 욥기 1장 11~12절에 나오는데, 그 대목에는 사탄이 욥의 소유와 궁극적으로는 그의 몸에 이르기까지 '만지기'(붙들거나 붙잡기) 위해서 허락을 구하는 게 필수적임을 깨달았다고 기록되어 있다. 그 대목에서까지도 그의 능력은 제한적으로 비쳐지고 있다. 그러나 욥의 경우에는 사탄이 허락을 받았더라도 그 사건을 염두에 두고 있는 게 분명한 요한은 이런 경우가 당신에게는 결코 일어나지 않을 것이라고 말한다. 사탄은 당신에게 손댈 수 없다. 이 얼마나 반가운 소식인가!

게다가 사탄은 유한한 피조물이다. 우리가 살펴본 그대로 그는 전지하지도 무소부재하지도 않고, 또한 전능하지도 않다. 우리와 마찬가지로 그는 자신을 만든 분에게 종속되어 있다. 그는 결코 하나님과 동일할 수 없다. 이것은 세상에서 진행되는 온갖 시험이 사탄 자신의 행동이 아니라는 뜻이다. 그 상당 부분이 지상의 추종자들, 곧 요한의 기록에 따르면 '세상'이라고 불리는 존재들로부터 비롯된 것이다. 일부 시험은 간혹 사탄이나 기타 것들의 활동 때문에 빚어지기도 한다. 당신이 사탄 자신을 마주하는 경우는 거의 드물다. 아마도 사탄은 자신을 상대로 한 전쟁이 가장 격화되는 곳에서 대부분 활동할 것이다.

당신은 자신을 스스로 시험에 빠뜨릴 수 없는 것을 사탄이 유혹해서 시킬 수 없음을 기억해야 한다. 앞서 언급한 작가는 인간의 마음에 대해서 너무 지나치게 다혈질적인 시각을 지니고 있었다. 사실 야고보가 시험에 관해서 논할 때도 사탄이 시험과 관계 있는 것으로 언급하지 않았다. 오히려 그는 이렇게 기록했다. "각 사람이 시험을 받는 것은 자기 욕심에 끌려 미혹됨이니"(약 1:14).

사탄, 세상, 마귀들이 호소해야 하는 것은 내부의 적, 즉 육신의 정욕, 안목의 정욕, 그리고 이생의 자랑이다(요일 2:16). 당신이 만일 내적 전쟁에 더 가까이 접근하려면 이 내부의 적, 즉 당신이 두려움을 느껴야 하는 상대를 장악해야 한다. 하나님의 영역 안에서 머무는 이 적의 대리인은 사탄과 그의 무리만큼이나 주님의 군대에 충격을 가하는 책임을 맡고 있는 것으로 보인다. 그는 태업을 주도하고, 바울의 주요 상대였고, 그렇기 때문에 당신의 상대일지 모른다. 당신은 그와 그의 활동방식에 익숙해질 필요가 있다. 당신이 내적 전쟁에서 승리하고자 한다면 그를 극복하는 법을 익혀야 한다.

　내적 전쟁에서 그가 담당한 주요 지위 때문에 우리는 내부의 적과 그가 수행하는 흉악한 선전 방식을 설명하는 데 다음 장 전체를 할애하지 않으면 안 된다.

07

The Enemy Within

내부
최악의 적은
바로
자기 자신이다

육체의 소욕은 성령을 거스르고 성령은 육체를
거스르나니 이 둘이 서로 대적함으로 너희가
원하는 것을 하지 못하게 하려 함이니라. 갈 5:17

신학자 필립스 브룩스는 언젠가 그리스도인의 전쟁을 언급하면서 이렇게 말한 적이 있다. "그는 자신의 진정한 적이 누구인지 파악하고, 또 결국에는 단독으로 전투를 벌이기 위해서 노력하지 않으면 안 된다." 여러 암호명으로 알려진 적은 첩보용어로는 '두더지'로 불린다. 모든 그리스도인의 주요기관에 깊숙이 침투하는 존재이기 때문이다. 또 그 적은 육체이다. 당신의 최악의 적은 당신 자신이다!

종교개혁자 존 칼빈은 안팎의 전쟁을 언급하면서 이렇게 말했다. "이것은 하나님이 자신의 백성을 참여시키려 하는 대표적인 전쟁이다. 그분은 자신이 지시하는 길로부터 돌아서려는 모든 잘못된 생각과 감정을 몰아내는 데 도움을 주려고 하신다. 그리고 위로를 충분히 내려주셔서 우리가 당당히 맞서서 싸우길 원하신다."

이상의 두 신학자는 당신이 진정한 적과 씨름을 벌여야 한다고 생각했다. 사탄과 마귀들과 세상은 진짜로 존재하고 만만치 않은 상대들이다. 나는 어쨌든지 그것들을 얕잡아보지 않으려고 한다. 하지만 자아와의 내적 전투를 벌이고 승리를 거두기 전까지 그들을 물리치기란 불가능하다.

브룩스는 계속 말한다. 위대한 그리스도인 군사는 예외 없이 더욱 광범위한 삶의 전장에서 수시로 "세상의 모든 소란을 차단하고 그 자체를 돌보려고 한 시간 동안의 위대한 운동을 남겼다. 자신을 위해서 자신, 곧 스스로의 적인 자신과 싸움을 벌이면서도 말이다. …알다시피 바울 서신에는 예루살렘과 아테네 사람들과의 또 다른 투쟁 바로 밑에서 언제나 진행되고 있던 자신과의 싸움을 확인시켜주는 구절이 많이 있다. 외국과의 전쟁이 맹위를 떨치는 동안 조국 역시 싸울 준비를 하고 있었다."

결국 내적 전쟁은 자신을 정복하기 위한 전쟁과 다르지 않았다. 그렇다면 죄 때문에 흠씬 두들겨 맞은 사람에게 "가라. 전장으로 돌아가라. 가서 더 많은 죄를 범하라"고 말하는 게 실제로 책임 있는 충고일까? 그가 되돌아갈 수 있을까? 오랫동안 주인 노릇을 해온 죄악을 극복하는 게 가능할까?

로마서 6장의 외침

우리는 브룩스의 말을 어느 정도는 자세히 이해하지 않으면 안 된다. 바울이 로마서 6장부터 8장에 이르기까지, 그중에서도 특히 7장과 8장에서 설명한 것은 내적 전쟁이다. 바울이 로마서 7장 14~25절에서 자신이 겪었던 고통과 패배에 대해 언급할 때 그는 무엇을 거론하고 있는 것일까? 불운한 우리 모두는 그와 더불어 "오호라. 나는 곤고한 사람이로다. 이 사망의 몸에서 누가 나를 건져내랴"(롬 7:24)고 외쳐야 할까? 그것이 그리스도인의 삶과 그리스도인의 전쟁을 요약하고 있는 것일까?

그렇지 않다. 마지막 구절에서 그가 자신의 질문에 대해 이렇게 대답하기 때문이다. "우리 주 예수 그리스도로 말미암아 하나님께 (나를 구원하심에) 감사하리로다"(롬 7:25). 이 싸움이 무엇이든지 간에 승리할 수 없는 사람의 싸움은 아니다. 그는 그리스도 예수 안에서 활용할 수 있는 자원을 요구하지 못한 어느 상황을 설명하고 있는 게 분명하다. 바울의 발언을 확인하기 위해 예의 구절을 자세히 검토해보자. 그 일을 위해 우리는 다시 처음으로 돌아가서 문맥적으로 그것에 접근해야 할 것이다.

6장에서 8장에 이르기까지 몇 가지 문제가 등장한다. 하나는 신자와 그리스도의 동일시이다. 바울은 로마서 5장 20절에서 신앙을 통한 칭의를 논의하면서 하나님의 은혜가 우리 모두의 죄악보다 훨씬 더 크다고 지적했다. 그는 6장 서두에서 그런 주장과 상반될 수 있는 입장을 소개한다. "은혜를 더하게 하려고 죄에 거하겠느냐?"

바울은 대답한다. "그럴 수 없느니라!" 그것은 생각할 수도 없는 일이다. 그는 우리가 그리스도 안에 있다고 말한다. 그러므로 당신은 "죄에 대하여는 죽은 자요 그리스도 예수 안에서 하나님께 대하여는 살아 있는 자"(롬 6:11)로 여겨야 한다. 이것이 어떻게 가능할까? 그의 설명은 1~5절에 등장한다. 그리스도인은 그리스도와 매우 연합되어 있어서 그가 하는 모든 행동은 그리스도의 그것으로 간주된다. 그가 성령 세례를 받게 될 때 그리스도에게로 세례를 받는 것이다. 즉 그는 그리스도와 매우 연합되어 있어서 그리스도의 모든 행동이 자신의 것으로 간주되는 것이다. 그리스도인은 그리스도와 함께 할례를 받고(골 2장), 그리스도와 함께 십자가에 달리고, 그리스도와 함께 장사되고, 그리스도와 함께 부활하고, 또 그리스도와 함께 하늘 보좌에 앉은 것으로 간주되었다(골 3:1).

'그리스도 안에' 존재하는 것은 콩을 항아리 안에 넣는 것과 같다. 항아리가 가는 곳이 어디든지 콩도 더불어서 간다. 항아리에 콩이 담겨 있기 때문이다. 항아리를 바닥에 놓으면 콩도 바닥에 있는 것이다. 콩이 항아리 안에 들어가 있기 때문이다. 그리스도께서 무엇을 하시든지 우리가 한 것으로 간주되는데, 이유는 우리가 그분 안에 있기 때문이다.

우리는 그리스도에게로 세례를 받았기 때문에 그분의 거룩한 기록 전체는 우리의 것으로 간주된다. 그러나 바울은 그 전체적인 기록으로부터 자신의 요점을 설명하는 두 가지를 선택하는데, 우리가 그리스도와 함께 장사되었고 부활했다는 것이다. 당신이 만일 전체적인 것, 즉 그리스도에게로 세례받은 것을 소유하고 있다면 당신은 이전의 생활 방식에 대하여는 죽었고, 이제는 죄 대신에 하나님을 섬기기 위해 살아가고 있는 것이다. 당신은 합법적으로 더는 동일한 사람이 아니다. 당신은 새로운 기록, 새로운 정체, 그리고 새로운 관계를 소유하고 있기 때문이다.

바울은 이제 이 새로운 관계를 논의한다. 다른 곳에서처럼(골 3장, 엡 4장) 바울은 그리스도인이 그리스도 안에서 존재하는 모습에서, 날마다의 생활 속에서 그들이 마땅히 되어져야 할, 그리고 될 수 있는 모습으로 움직이고 있다(롬 6:6). 즉 동일시에서 그리스도와의 연합으로 법률적인 상태에서 경험적인 상태로 이동하고 있는 것이다. 그의 요점은 죄가 더 많다는 것이 아니라 그 반대쪽이 사실이 되어야 한다는 것이다.

그는 이런 논의를 통해서 몸을 직접 거론하고 있다. 그는 자신의 몸을 영적 성장과 더불어 온갖 문제를 야기하는 것으로 간주한다. 아담으로부터 물려받은 죄책감과 타락 때문에 평범한 세대로 태어난 모든 사람은 처음부터 자신의 몸을 그릇되게 길들였다. 바울에게서는 몸 그 자체를 죄의 근원으로 주장하는 사상인 그리스의 영지주의 사상을 전혀 찾아볼 수 없다. 바울은 자신의 구세주와 더불어 죄가 마음에서 몸으로 스며든다는 점을 확실히 해두고자 했을 것이다(마 15:11). 그러나 그는 죄에 사로잡히고 통제를 받는 몸에 대해서 좋지 않은 말을 했다.

바울은 몸이 죄의 온갖 영향으로부터 자유롭게 되고, 우리가 그리스도의 영화로운 몸과 동일한 몸을 지니고 부활하게 될 순간을 알고 있었다(빌 3:21). 그러나 미래의 영화로운 몸과는 대조적으로 현재는 타락한 몸이다. 그리고 이곳 로마서 6장과 7장에서 바울이 염두에 두고 있는 것은 죄의 결과들만이 아니다. 그 외에도 죄의 속성 때문에 몸에 죄에 대한 프로그램이 입력되어 있다는 사실이 거기에 포함된다. 프로그램된 것은 회심의 순간에 자동적으로 소멸되지 않고, 그래서 완벽하게 새로운 출발이 이루어지지 않는다. 그와 정반대 경우에는 프로그램된 것이 새로운 생활로 이어져서 정욕과 더불어 몸을 내부의 적으로 간주하게 된다. 야고보는 그것을 이런 식으로 설명한다.

"싸움이 어디로부터 다툼이 어디로부터 나느냐. 너희 지체 중에서 싸우는 정욕으로부터 나는 것이 아니냐"(약 4:1).

이와 관련해서 칼빈은 이렇게 피력했다. "우리가 이 몸을 벗어나게 될 때 죄의 속박을 벗어나게 될 것이다." 로마서 6장 12절과 14절에는 죄가 노예 주인으로 분명히 인격화되어 있지만, 죄에 대한 그 같은 견해는 앞서 기록에 표현된 바울의 마음에 이미 자리 잡고 있었다. 바울은 거룩함을 권하면서 죄에 물든 몸이 어떻게 방해가 되는지 인정하고 있다.

그러나 희망은 있다. 그리스도가 자신의 죽음을 통해서 그 몸이 무능력하게 되었다고 바울은 말한다. 즉 몸에 대한 죄의 장악력이 더는 완벽하지 못하다는 것이다. 몸은 그 이외의 부분과 함께 죄의 지배로부터 풀려났다. 그러나 그 몸은 여전히 '죄의 몸'으로 비쳐진다. 달리 말하자면 성화를 통해서 이룩된 변화들과는 무관하게 몸이 여전히 정욕에 집착하고 있다는 것이다.

그러므로 결국에 가서 그 몸은 그리스도를 섬기는 일을 방해하지 못한다. 그것은 주님의 재림 때까지 자극을 계속하겠지만, 우리가 은혜를 통해서 성장할 수 있도록 더욱더 약화되어야 한다. 따라서 사도 바울은 6절에서 희망을 제시한다. 이제는 죄를 섬기기보다는 새로운 주인을 섬기는 것이 가능하고(6절), 육체적인 정욕은 더이상 우리를 지배할 필요가 없으며(12절), 또한 우리는 몸의 인도를 받아서는 안 되며, 지체를 의의 수단으로서 하나님을 섬기는 데 다시 익숙해질 수 있다(13,16,19절). 그러므로 바울은 6장을 죄로부터의 해방이라는 위대한 말로 끝을 맺는다(20-23절).

새로운 삶의 문제와 아울러 이 몸의 문제는 이후의 두 장에서도 바울의 관심을 사로잡고 있다.

로마서 7장의 또 다른 외침

우리는 바울이 죽음으로 율법의 속박을 벗어나게 된다는 로마서 7장 1~4절 사이의 설명을 뛰어넘어서 5절에서부터 시작한다. 하지만 율법이라는 주제가 다시 도입되는 것은 중요하다. 바울은 로마서 서두에서 율법으로는 어째서 구원받을 사람이 아무도 없는지 보여주었다. 칭의는 신앙을 통해서 얻어야 한다는 것이었다. 그는 이곳에서 성화와 관련된 율법의 문제를 도입한다. 이점에서 보면 14절과 그 이후 부분을 둘러싼 여러 어려운 문제에 대한 답변은 정확하게 자리 잡고 있다. 그러나 먼저 삽입 부분인 4~13절을 간략하게 살펴보자.

바울이 이 논의를 통해서 보여주는 것은 자신이 그리스도 밖에 있었을 때 율법이 죄에 빠져 있는 자신의 상황을 어떻게 악화시켰는가 하는 것이다. 율법은 그에게서 죄를 전혀 제거할 수 없었다. 죄는 몸을 사로잡아 훈련시키고, 그래서 자신의 목적에 그것을 활용했다(5절). 율법은 그 상황을 폭로했지만 교정할 수 없었다. 그리스도만이 그 일을 하실 수 있기 때문이다(5-6절).

바울은 계속해서 그 문제는 실제로 율법 때문에 빚어진 것이 아니라고 말한다. 그것은 선하다(12절). 그것은 나 때문에 빚어진 일이다. 율법은 나를 죄로부터 해방시킬 의도가 전혀 없었고, 그래서 율법이 무엇인가 해주기를 기대하는 한 나는 실패하고 만다. 이것은 바로 바울이 갈라디아서 3장 2~3절에서 주장한 내용이다.

우리는 이제 로마서 7장 가운데 중요한 부분인 14~25절에 도달했다. 그런데 바울은 이렇게 말한다. 율법이 선하고 나는 악하다. 따라서 죄의 지배에서 벗어나는 데 그리스도의 죽음이 필요했다면 지금은 어떨까?(14절에서 과거시제가 현재시제로 바뀌는 것을 주목하라!). 율법이

의롭게는 만들 수 없더라도 거룩하게 만들 수 있을까? 바울이 14~25절에서 다루는 다음 문제가 바로 이것이다(그것은 6장 22절에서 이미 제기됐었다).

바울은 14절에서 이런 주제를 제기한다. 율법이 선하고 영적일 지라도 나는 여전히 육신에 속해서 율법은 그 사실을 조금도 변화시킬 수 없음을 알고 있다. 하나님의 율법과 대면하기 위해서 변화를 일으키려고 스스로 시도한다면 나는 할 수 없다. 내가 문제이고, 또 문제의 초점인 '나'는 내 몸 가운데 있는 그 '나'이기 때문이다. 나의 몸은 '애굽의 양파와 마늘'을 계속해서 갈망한다! 나는 육체의 습관화된 정욕, 즉 육체가 기대하는 데 익숙해진 것으로 안내되고 이끌린다. 비록 죄가 더는 나의 주인이 아니더라도 말이다. 하지만 나의 몸이 일으키는 문제 때문에 그것은 마치 내가 여전히 죄의 지배를 받고 있는 것 같다. "죄 아래에 팔렸도다."

몸은 여전히 나를 지나치게 많이 통제하고 있다. 내가 몸을 통제해야 한다. 그것은 C. S. 루이스의 「말과 소년」이라는 책 내용과 비슷하다. 그 책에서는 모든 게 악화된다. 나는 내가 원하는 것을 하지 못하고, 하고 싶지 않은 것은 어떻게 해서든지 하고 있음을 알고 있다.

여기에는 두 가지 '나'가 있다.

첫째, '나'가 죄를 범하는 것으로 언급될 때마다 그것은 육신("내 속 곧 내 육신에 선한 것이 거하지 아니하는" : 18절, "내 지체 속에 있는 죄의 법" : 23절, 육신은 죄를 자신의 지체로 간주했다 : 25절)의 '나'이다.

둘째, '나' 가 이 범죄를 평가할 때마다 그것은 그 자체를 또 다른 '나' 와 멀리 떼어 놓는다(17절).

사도 바울은 내 안에 어떤 것, 즉 내 안에서 죄와 동일시 할 수 없는 것이 있다고 말한다. 이것을 그는 "내 마음"(23,25절)과 "내 속사람"(22절) 안에 있는 '나' 라고 부른다. 그는 내 몸까지 포함해서 나의 삶을 장악할 수 있는 잠재력은 내가 그리스도 안에 있는 그곳에 존재하지만, 나는 안에서 벌어지는 내 지체와 더욱 좋은 '나' 간의 전투에서 너무 자주 패배한다. 왜 그럴까? 방법이 없을까?

이것은 바울 또는 당신이나 내가 자기 힘만으로 몸의 성향을 수정하려고 시도할 때 벌어지는 일이다. 이것은 율법으로 거룩해지려 시도한다고 말하는 것이다. 율법이 구원할 수 없는 것과 마찬가지로 성화시킬 수도 없다. 바울은 여기서 율법이 죄에 물든 몸의 성향들을 극복하는 데 얼마나 철저하게 무력한지를 보여주는 중이다. 그는 이것을 로마서 8장 3절에서 분명하게 설명하는데, 그 대목에서 그는 율법이 육신 때문에 성화를 달성하는 게 불가능하다는 점을 분명하게 지적하고 있다.

"율법이 육신으로 말미암아 연약하여 할 수 없는 그것을 하나님은 하시나니 곧 죄로 말미암아 자기 아들을 죄 있는 육신의 모양으로 보내어 육신에 죄를 정하사"(롬 8:3).

바울은 단독으로 자신의 몸과 싸울 경우에는 예외 없이 패배한

다고 설명한다. 25절에 등장하는 전투요원들을 보라. '나'와 '육신'
이다. 그러나 자신 안에 있는 그리스도는 전쟁에서 이기도록 도우실
수 있다. 저울이 보다 좋은 자아 쪽으로 기울어지기 위해서는 성령
의 내적 사역이 필요하다. 성령의 내주를 통해 그리스도는 속박에서
벗어나게 할 것이다. 성령은 육신보다 더 막강한 동맹군이다. 그리
스도는 '죄 있는 육신'을 다루려고 그와 비슷한 모양의 몸으로 돌아
가셨지만(롬 8:3), 그렇다고 실제로 잘못 길들여졌던 것은 아니다.
그리스도께서는 처음부터 하나님을 섬길 수 있도록 자신의 몸을 잘
길들이셨다. 그분은 언제나 아버지의 뜻을 실천하는 죄 없는 성품을
지녔기 때문이다.

　신학자 스티브 브라운은 자신의 저서 「멋진 친구는 이제 그만!」
에서 이렇게 설명한다. "대개 그리스도인들은 자신의 노력으로 선해
지고자 한다. 그리스도인은 선해야 하기 때문이다. 그리스도인은 의
로워야 한다. 선이 의지력의 결과에 불과할 경우 문제가 발생한다.
우리는 충분한 의지력을 결코 지닐 수 없다. 바울은 이렇게 말했다.
'내 속 곧 내 육신에 선한 것이 거하지 아니하는 줄을 아노니 원함은
내게 있으나 선을 행하는 것은 없노라. 내가 원하는 바 선은 행하지
아니하고 도리어 원하지 아니하는 바 악을 행하는도다'(롬 7:18-
19). 그런 다음 바울은 모든 그리스도인이 오직 선하게 되고자 할 때
외치는 것과 마찬가지로 이렇게 부르짖었다. '오호라. 나는 곤고한
사람이로다. 이 사망의 몸에서 누가 나를 건져내랴'(롬 7:24)."

이 글은 로마서 7장을 요약한 것

    로마서 8장은 성령이 우리를 의의 길로 인도할 때 전쟁을 벌이고 승리하는 이야기를 들려준다. 그리스도인은 반드시 7장에서 빠져나와서 8장으로 들어가야 한다. 단번에 가능한 것은 아닐지라도 이후로는 모든 전쟁이 적절히 치러지고 승리할 것을 분명히 뜻하는 어떤 특별한 행위에 의해서 완수될 수 있는 것처럼 말이다.

    그렇다. 이것은 단 한 차례의 결정적인 행위나 위기 사건이 아니다. 우리는 자신이 너무도 자주 로마서 7장으로 되돌아가는 모습을 접하기 때문에 이것을 알고 있다. 우리가 지혜나 능력을 빌지 않고서 적과 전쟁을 벌이려고 시도하는 것은 우리가 싸우고 있는 바로 그 죄에 물든 보기의 일부이다. 앞 장에서 분명하게 확인했듯이 우리는 할 수 없다. 따라서 매 순간 당신은 자신이 피하고자 했던 죄스러운 행동들을 하거나 또는 당신이 내린 선한 결의를 지키지 못하고 있다는 사실을 슬퍼하고 있음을 발견하고, 자신이 로마서 7장으로 되돌아갔다는 사실을 깨닫는다. 당신은 자신의 능력으로 적과 싸우려는 시도를 하고 있다. 그렇기에 우리는 자신의 육신이 통제되고 있다고 생각할 때마다 회개하고 도움을 구하며, 그것을 상대로 싸워 승리해야 한다.

    이상을 요약하면 한 가지가 기본적으로 대조를 이룬다. "육신을 따르지 않고 그 영을 따라 행하는 우리에게 율법의 요구가 이루어지게 하려 하심이니라"(롬 8:4).

〈 로마서 7장 〉	〈 로마서 8장 〉
육신에 따라서 걸음 (즉 육신의 인도를 받음) : 그릇 프로그램된 몸의 통제	성령을 따라서 걸음 (즉 성령의 인도하심을 받음) : 성령의 통제

눈에 띄는 핵심 사항은 전쟁이 바르게 치러지면 갈라디아서 5장 16~18절에 등장하는 싸움이 로마서 7장이 아니라 로마서 8장에 묘사된 것과 비슷하다는 점이다.

"내가 이르노니 너희는 성령을 따라 행하라. 그리하면 육체의 욕심을 이루지 아니하리라. 육체의 소욕은 성령을 거스르고 성령은 육체를 거스르나니 이 둘이 서로 대적함으로 너희가 원하는 것을 하지 못하게 하려 함이니라. 너희가 만일 성령의 인도하시는 바가 되면 율법 아래에 있지 아니하리라."

이 문제를 최종적으로 분석하면 결국 이렇다. 당신이 내부의 적을 상대하러 정상을 넘어설 때 누가 인도하는가? 당신인가, 아니면 성령이신가? 당신이 성령의 인도를 받으면 승리하게 되고, 그렇지 못할 경우에는 로마서 7장에 묘사된 온갖 실책에 따른 고통을 경험하게 될 것이다.

08

Fighting with the Spirit is Sword

내적 싸움의
승패는
성령의 도움에
달렸다

내가 이르노니 너희는 성령을 따라 행하라. 그리하면 육체의
욕심을 이루지 아니하리라. 너희가 만일 성령의 인도하시는 바가
되면 율법 아래에 있지 아니하리라. 갈 5:16,18

내적 싸움의 승패는 우리가 앞장에서 확인한 것처럼
그리스도인이 성령의 도움을 받는가 아닌가에 달려 있다. 하나님은
공연히 성령을 당신에게 보내신 것이 아니다. 이것이 로마서 7장과
8장의 메시지다. 사도 바울은 율법이 구원하거나 거룩하게 만들지
못한다는 것을 입증했다. 율법의 목적은 그 두 가지와 관계가 없다.
율법은 구세주이자 거룩하게 하시는 분에 대한 필요를 보여주고, 또
의로운 삶에 대한 하나님의 기준을 드러냄으로써 우리를 그리스도
에게로 인도하는 초등교사(갈 3:24)나 후견인이 될 때만이 그 기능
을 다 한다.

　그러나 우리가 싸우는 다양한 전투에서 승리는 성령의 능력을
이용하는 것에 달려 있다고 말하면서 더 이상 설명하지 않으면 완전

히 모호하거나 기껏해야 신비적일 따름이다. 이 문제는 너무 자주 방치되고 있다. 사람들은 이렇게 생각한다. '그게 무슨 뜻이지?' '성령을 어떻게 의지하고 그분의 능력을 이끌어낼까?' 나는 이 책에서 그런 질문에 구체적이면서도 실제적인 방법으로 직접 답변하고자 한다.

그런 답변에 대한 약간의 초점을 구하기 위해 밀드레드에게로 다시 돌아가보자. 우리는 밀드레드를 난처한 상태로 내버려두었다. 그녀의 양심은 자신의 배반과 구원받지 못한 친구들의 감각을 상실한 거짓과 기만 때문에 심각하게 무뎌졌다. 어느 누구의 도움과 무관한 죄에 물든 성품 때문에 그녀는 자신의 범죄 행위에 대한 무수한 변명을 궁리해 내기도 했다. 하지만 그녀의 양심은 살인을 구분할 수 있을 정도로 여전히 작동하는 중이었다. 그리고 그녀는 지금 바로 그것, 즉 완전히 피비린내 나는 추악한 모습의 살인을 하나의 선택으로서 마주하고 있다.

그녀는 과거 무분별하게 타락한 생활 때문에 약해져서 거의 저항할 생각도 하지 못하고 있다. 하지만 그녀는 자신 앞에 놓인 여러 가지 선택을 곰곰이 생각하자 가정과 교회에서 받았던 기독교적인 양육과 하나님의 말씀이 떠올랐다. 따라서 그녀는 두려움, 감정, 하나님에 대한 불완전한 순종, 또는 자신이 가질 수 있는 동기가 무엇이 됐든지 간에 그것들로부터 벗어나서 낙태를 단념하기로 결정한다. 그녀는 달리 어떻게 해야 할지 알지 못하면서도 이렇게 말한다. "나는 그럴 수 없어!" 혼란, 추하다는 느낌, 또 다른 해결에 대한 희

망과 상반된 바람, 여전히 해결되지 않은 전장과 같은 느낌 속에서
롭에게 자신의 생각을 이야기한다.

롭 : 뭐라고? 낙태를 하지 않을 생각이라고? 그렇게 되면 우리
관계는 끝이야! 정말로 그럴 생각은 아니겠지?

밀드레드 : 롭, 아기의 생명을 빼앗는 것은 너무 잔인한 생각이
야. 나는 정말 할 수 없어. 그것은 살인이라고.

롭 : 이봐, 밀드레드! 내가 수없이 말했잖아. 그게 어떻게 아기
니? 그것은 몸 조직의 일부일 뿐이야. 낙태는 몸에 불필요한 부분을
제거하는 것과 마찬가지라고.

밀드레드 : 아니야, 그건 아기야. 나도 그 정도는 알기 때문에 아
기를 죽이지 않을 거야!

롭 : 네가 가는 곳마다 내가 너를 임신시켰다고 말하도록 내버려
둘 것 같아? 제정신이 아니군! 그리고 아기는 어떻게 하지? 어떻게
키울 거냐고! 모든 것을 망치게 될 거야.

밀드레드 : 나는…. 나는 말이지 롭, 네가 나와 결혼하기를 바랄
거라고 생각했어. 그러면 우리는 아이를 기를 수도 있고. 너는 아빠
가 되는 거야.

롭 : 아빠라고? 하! 기가 막혀서. 내가? 너랑 결혼한다고? 이제
보니 미쳤구나. 야! 잠깐 기다려봐. 그래서 아기를 가지려고 했구
나? 나를 협박하려고 했던 거야, 그렇지? 그러고 보니….

밀드레드 : 롭, 아니야. 너를 협박하려는 게 아니야. 나는 우리 아

기를 죽일 수 없다는 것뿐이라고.

롭 : 우리 아기라고? 네가 생각한 게 바로 그거로군! 네가 할 수 있는 일을 가르쳐주지. 너는 아기를 네 '엄마와 아빠'와 네가 언제나 이야기하던 너희 교회에 데려갈 수 있지만 내가 끼어들 것이라고는 조금도 기대하지 마. 그들이 네 아기를 어떻게 처리할지 궁리하게 하라고. 나는 관심 없어!

밀드레드 : 롭! 나를 사랑한다고 했잖아. 나는….

롭 : 어떻게 그렇게 멍청할 수 있지? 가겠어!

그리고 그는 가버렸다. 밀드레드는 잠시 후 정신을 차리고 이렇게 반성했다.

"롭과 친구들은 나에게 조금도 관심이 없어. 그들은 내게 흥미도 없었어. 내게 좋았던 때는 한번도 없었어. 사소한 말다툼이 있기는 했지만 집이 더 편했어. 부모님은 상처를 입겠지만 나는 이미 그분들에게 너무 커다란 상처를 입혔어. 그래, 롭의 말 가운데 일리 있는 것도 있어. 사실이야. 부모님은 나를 사랑하고 나를 어떻게 도와야 할지 아실 거야. 집으로 가야지. 언제든지 살인자가 될 수 있는 패거리들과 어울려 다니는 것보다 못한 것은 아무것도 없어. 엄마와 아빠가 내게 빌라고 하더라도 그게 더 나을 거야."

그래서 밀드레드는 집으로 돌아갔다. 그리스도인 부모는 그녀의 죄악 때문에 가슴이 아프지만 동시에 자신들의 기도가 그녀의 귀가로 응답된 것에 감사했다. 하지만 주변 모든 사람과의 화해와 많은 눈물을 흘리고 나서 아기 문제를 놓고 얼굴을 마주하고 앉았을 때 누구 하나 어떻게 그 일을 처리해야 할지 자신할 수 없었다. 그래서 그들은 목사에게 전화했다.

목사는 그들과의 면담을 약속했고, 밀드레드와 그녀의 부모와 가진 세 차례 면담 후에 진행된 결과는 이렇다.

- 밀드레드는 하나님께 진정으로 회개했다.
- 그녀는 하나님, 부모, 그리고 교회를 대표하는 장로들에게 용서를 구했고, 장로들은 그녀의 고백을 듣고 회중의 이름으로 그녀를 용서했다.
- 장로들은 밀드레드를 대신해서 회중에게 밀드레드의 임신 사실과 하나님과 사람에게 지은 죄의 고백과 용서를 받은 사실을 전달했다. 그들은 더 나가서 회중에게 하나님은 그들이 그녀를 위로하고 그녀에 대한 그들의 사랑을 재확인하면서, 그녀가 지체에 다시 동화되는 데 도움이 될 수 있는 것은 무엇이든지 그녀에게 제공하기를 기대하신다고 교육시켰다(고후 2:7-8).
- 그들은 또 회중에게 용서를 통해서 모든 문제가 끝났기 때문에 밀드레드에 대한 뒷이야기나 따돌림이 없어야 한다는 것을 교육시키면서, 그런 행동을 했다고 밝혀지면 누구든지 징계를 받을 수 있다고 경고했다.

그 결과, 예배를 마칠 때에는 사람들이 교회 건물 곳곳에 모여 밀드레드를 안으며 눈물을 흘렸고, 자신들의 사랑과 관심을 확신시키면서 그녀를 교회의 일원으로 다시 받아들였다. 그때 이후로 이들 가운데 많은 사람이 밀드레드를 돕기 위해 다양한 제안을 했는데, 밀드레드와 낳게 될 아기를 위해 커다란 축하선물로 보여준 사랑과 관심이 절정에 달했다.

이곳에서는 무슨 일이 벌어진 것일까? 이런 식으로 해석해보자. 사탄은 밀드레드의 삶이라는 전장에서 패배했다. 몇 가지 전투에서 승리를 거두었다. 우리는 그 상태를 결정하기 위해서 이 한 쌍을 살펴보고자 한다. 우리가 앞서 지녔던 관심을 기억하라. 성령이 우리로 하여금 육신을 어떻게 이기게 하실까?

승리한 전쟁

먼저, 밀드레드가 집으로 돌아오는 것 때문에 전쟁이 벌어졌다. 밀드레드는 창피를 당했고, 어느 정도는 겁을 먹었으며, 여전히 배반의 상태를 완전히 벗어나지는 못했지만 그 전쟁을 이기고 돌아왔다. 어떻게 가능했을까?

물론 부분적으로는 하나님의 섭리가 역사했기 때문이었다. 롭은 자신이 그녀나 아기에 대해서 전혀 관심이 없다는 것을 드러냈을 때 실제적인 대안을 전혀 제시하지 못했다. 그리고 그녀가 과거에 충분히 받은 기독교적인 훈련은 스스로 아기를 살해하는 것으로부터 그녀를 지켜주었다. 밀드레드는 자신의 이교도 친구들이 "누구나 그렇게 한다고. 그게 어떻게 아기니? 그것은 조직의 일부일 뿐이야"라고 장담한 것은 다른 것과 마찬가지로 한결같은 거짓말이라는 것을 알았다. 밀드레드 안에 계신 하나님의 영은 그녀로 하여금 강단, 가정, 주일학교, 그리고 청소년 모임에서 자신이 받았던 성경의 교훈을 회상하고 응용할 수 있게 하셨다. 성령은 자신의 심겨진 말씀을 통해 밀드레드가 그 전쟁에서 승리할 수 있도록 도움을 주었다.

둘째, 밀드레드는 자신의 부모가 그리스도인이라는 것과 그들이 자신을 사랑하고 바른 길을 갈 수 있도록 도움을 주리라는 것을 알았다. 그녀는 어떻게 해서든지 부모의 기도와 성경에 대한 이해를 통해 무슨 일이든지 일어날 것을 알았다. 그녀는 자신이 그들에게 상처가 되겠지만 그들은 이미 그녀의 배반 때문에 깊은 상처를 입었고, 그럼에도 불구하고 그들이 지니고 있는 신앙이 그들을 지탱해 주었다는 사실을 알았다. 그렇게 해서 그녀는 돌아갔던 것이다.

그리고 그들이 목사를 찾아가자 그는 몇 가지 방법을 활용해서 도울 수 있었다. 밀드레드는 목사가 자신의 경우에 적용한 성경 때문에 회개했다. 그는 밀드레드에게 죄가 빚은 결과로부터 단순히 벗어나는 것으로는 충분하지 못하다고 설명했다. 그는 성경을 빌어서 그녀의 죄가 하나님께 가장 중대한 반역이라는 것과 그녀가 이것을 인정하고 자신이 상처를 입힌 모든 사람으로부터의 용서뿐만 아니라 하나님의 용서를 구해야만 한다고 설명했다. 그리고 그는 성경을 이용해서 하나님이 용서를 구하시는 이유, 용서의 의미, 그리고 그

작용에 대해서 설명했다.

밀드레드는 이제 미래를 위해서 도움과 인도를 받을 수 있는 상태가 되었다. 그녀는 또 이제 하나님의 명령에 기꺼이 복종하고자 했다. 좋은 군사는 명령에 기꺼이 따를 수 있어야 한다. 그것은 위대한 승리였다. 목사가 말씀을 열어서 자세히 설명하고, 그것을 밀드레드의 상황에 구체적으로 적용하는 사역을 계속했을 때 성령은 그녀의 마음을 조명하셨고, 그녀로 하여금 필요한 것은 무엇이든지 배우고 동의할 수 있게 하셨다.

밀드레드의 1차 성향은 자신이 저지른 죄의 결과로부터 도망치는 것이었다. 그녀는 "8개월 정도 조용히 사라졌다가 아이를 입양 보내고 나서 내 인생을 완전히 다시 시작할 수 없을까요?"라고 물었다. 처음에 그녀의 부모는 동의하는 쪽으로 기울었다. 이 방법이 자신들과 안면 있는 사람들 앞에서 겪을 곤혹스러움을 줄여줄 수도 있기 때문이었다. 그러나 목사는 지혜롭게 이렇게 말했다.

"안 됩니다. 회중을 생각하지 않으면 안 됩니다. 당신은 회중으로부터 용서를 구해야 합니다. 당신의 죄는 공적인 차원을 지니고 있기 때문입니다. 그뿐만이 아니라 이 시기에는 그 지체의 충고, 격려, 교훈, 지원이 필요합니다. 화해가 일어날 수 있는 곳이 있다면 그것은 그리스도의 지체에 속한 이들 사이에서 뿐입니다. 우리는 당신이 필요하고 당신은 우리가 필요합니다."

그렇게 해서 밀드레드는 성경을 통해 회중의 일원들 사이에서 머물기로 설득되었다. 결국 그녀는 자신의 행동을 아주 기뻐했다.

디도서 2장 3~5절에 감명받은 여러 여자 교인은 그녀와 함께 시간을 보내면서 그녀의 상황에 도움이 될 수 있는 말을 해주었다. 그들의 인도 덕분에 그녀는 마침내 그녀를 쏙 빼닮은 하나님이 주신 금발에 푸른 눈을 가진 예쁜 남자아기를 기르기로 작정하였다. 하나님은 2년 뒤에 남편도 보내주셨다. 전쟁의 승리 그 이상이었다!

어떤 힘이 작용했을까?

이 이야기를 끝까지 살펴보았지만 그것을 약간 더 조심스럽게 검토해보자. 밀드레드에게는 무슨 일이 일어났는가? 그녀가 하나님 말씀의 영향 아래로 들어섰을 때 그녀는 전쟁에서 승리하기 시작했다. 그녀가 그리스도인 공동체로 돌아왔을 때 그녀는 성령께서 부모님, 목사, 그리고 교인들의 삶 속 등 도처에서 활동하고 계심을 알았다. 그녀는 기독교 가정을 떠났을 때 그 영향력 대부분을 포기했다. 하지만 전적으로 그랬던 것은 아니었다. 그녀의 극도로 어려운 처지에서도 성령은 여러 해 전에 그녀의 마음속에 숨겨두었던 하나님의 말씀을 활성화시켰기 때문이다. 마음속 깊숙이 심겨진 말씀과 무관했다면 그녀는 최초의 전쟁에서 패배하고 그쪽으로 계속 흘러갔을 것이다.

그녀가 하나님께로 돌아가려고 싸우고, 죄에 물든 교만과 오만을 상대로 다투며, 어리석은 행동과 결단들을 뒤집던 각 단계와 새로운 전투마다 그 모든 그릇된 생각과 죄의 성향과 더불어 더없이 악한 자아로부터 그녀를 지켜주고, 또 평화와 순종으로 이르는 과정에서 승리를 거두도록 도움을 주었던 것은 성경이었다. 당신은 무엇보다도 이 짧은 일화 속에서 성령께서 자신의 말씀을 사용하여 활동하셨음을 알아야 한다.

성령의 검은 육신을 죽인다

갈라디아서 5장 16절과 18절을 읽어보면 이렇다. "내가 이르노니 너희는 성령을 따라 행하라. 그리하면 육체의 욕심을 이루지 아니하리라. …너희가 만일 성령의 인도하시는 바가 되면 율법 아래에 있지 아니하리라."

우리는 이 구절에서 로마서 8장 1~14절의 요약을 보게 된다. 우리와 성령이 있는 쪽과 육신이 속한 다른 쪽 사이에서 진정한 전쟁이 발생한다. 중생하지 못한 사람은 언제나 자신의 육신에 따라 살아가면서 육신과 마음의 정욕, 즉 죄악 된 생각을 만족시키고 살아간다. 그러나 영적인 사람, 즉 성령이 내주하는 사람은 성령의 인도를 받을 수 있다.

물론 밀드레드의 경우에서 보았던 것처럼 그렇지 못할 때도 있고, 우리가 로마서 7장 14~15절에서 보았던 순간들도 있다. 그러나 말씀을 통해 성령의 인도를 받을 때도 있다. 언젠가 성령의 인도를 받게 되는 사람은 누구든지 거듭난다. 로마서 8장에 거듭 분명하게 지적된 대로 말이다. 성령의 인도를 받는 것은 율법을 완성하는 것이고, 따라서 하나님을 기쁘게 하고 율법의 정죄를 벗어나는 것이다. 그러나 바울은 "육신에 있는 자들(거듭나지 않은 자들)은 하나님을 기쁘시게 할 수 없느니라"(롬 8:8)고 말한다.

밀드레드가 육신이나 세상의 '인도'를 허용했을 때 죄의 길을 따랐던 것은 분명하다. 그러나 그녀가 성경의 교훈과 삶의 영향 아래로 들어섰을 때 그녀는 방향을 바꿔서 성령을 따르기 시작했고, 그래서 성령은 그녀를 의의 길로 인도하셨다. 신학자 조윗이 다음과 같이 말한 것은 다른 것과 함께 그것 역시 예측했을지도 모르겠다. "어떤 사람이 마음속에서 시험하는 자의 음성에 귀 기울일 때 그는 다른 사람들처럼 행동하는 경향을 갖게 되고, 시험이 대단해 보이면 저항하지 않는다. 그러나 그 사람이 하나님의 법을 들여다보고 그리스도의 음성에 귀를 기울이면 그의 타고난 선악에 대한 감각이 그에게로 집중되고, 그래서 그는 한 단계 높아지고 정화되며 거룩해진다."

이런 성령의 인도를 이해하는 게 중요하다. 그것은 인상이나 느낌 또는 하나님으로부터의 직접적인 계시와 무관하다. 그것은 성령의 자극이나 억제가 아니다. 밀드레드가 취했던 바른 결정과 행동은 한결같이 성령께서 말씀을 통해서 이끌었다. 그녀의 어리석고 죄에 물든 결정과 행동들은 모두 육신의 매혹적인 음성과 육신에 호소한 세상의 교활한 거짓말에 귀 기울였기 때문에 저지른 일이었다. 결정적인 전쟁은 성령이나 육신을 따라갈 때 승리와 패배가 결정된다.

밀드레드가 온전한 상태로 돌아가려는 싸움에서 거둔 승리는 다른 모든 영향을 포기하고 성경적인 것에 자신을 바쳤을 때 가능했다. 물론 그녀는 주로 다른 사람들에게 의존했었는데, 이 당시 그녀는 "의의 말씀을 경험하지" 못했고, 그녀의 '지각'은 "연단을 받아 선악을 분별하는" 사람들과 거리가 멀었기 때문이었다.

요즘의 설교나 저서들은 성령이 어떻게 활동하시는지 늘 분명하게 밝히고 있지 않다. 이 장에서 줄곧 그 점에 대해서 강조해 왔지만 그것에 대해 다시 한번 설명하겠다. 나는 그분이 자신의 말씀을 통해 활동하신다는 것에 대해서 전혀 의문의 여지를 남기고 싶지 않기 때문이다. 성령이 다른 방식으로 활동할 수 있는 것도 사실이지만, 요즘 성령은 궁극적으로 자신이 저자가 되는 성경을 통해 활동하기로 결정하셨다.

이것이 바로 내적 전쟁을 싸우도록 권고하면서 우리에게 "성령의 검 곧 하나님의 말씀을 가지라"(엡 6:17)고 말씀하신 이유이다. 스펄전의 의견을 들어보자. "자신의 죄와 싸우라! 사무엘이 아각에게 그랬던 것처럼 그것들을 조각내라. 어느 것 하나도 도망치게 하지 말라. 엘리야가 바알 선지자들에게 그랬던 것처럼 처리하라. 주 앞에서 조각조각 토막내라."

예수님조차도 자신의 전쟁을 치르실 때 로마의 긴 검처럼 자신의 입에서 나오는 말씀으로 그렇게 하셨다. 예수님이 광야에서 사탄의 세 가지 시험과 맞섰던 것은 성경을 통해서였다(마 4:1-11).

성령은 수천 년 동안 인내하며 자신의 말씀을 준비하셨다. 그것이 완성된 이상 그것을 무시하기보다는 육신을 상대로 싸우는 긴급한 목적을 위해 사용하신다. 성령은 신자가 성경을 이해할 수 있도록 마음을 조명함으로써 그렇게 하신다(고전 2장 참조). 성령은 우리에게 역시 힘을 주시면서 말씀을 따르도록 말씀을 통해서 우리를 격려하신다.

나는 어떻게 그런 결정에 도달했을까? 그것을 주장하는 데는 다음과 같은 몇 가지 근거가 있다.

첫째, 성령께서 자신의 말씀과 무관하게 활동할 의도를 갖고 계신다면 그분이 그것을 만들었다는 것은 이상할 수밖에 없다. 성경이 성령의 책이라는 사실을 특히 잊지 말아야 한다. 베드로후서 1장 18~21절을 살펴보라. 이 대목에서 그분은 그리스도께서 오실 때까지 어두운 데를 비추는 등불과 같이 예언을 주의하라고 촉구하신다(19절). 독자가 빛을 발견할 수 있는 유일한 곳은 성경이라는 뜻이다. 이외의 모든 것, 즉 꿈, 예감, 인상, 느낌 등은 어둠이다. 또 그분은 기록된 말씀이 우리에게 어떤 합법적인 계시의 경험이 줄 수 있는 것보다 더 커다란 확신을 준다고 말씀하신다(19절).

둘째, 성경에서는 성령과 말씀이 동일한 것으로 언급되어 있고, 그래서 그 두 가지는 분리되어 있기보다는 오히려 결합되어 있다. 두 가지 예를 들어보자. 우리가 히브리서를 읽어보면 저자가 성경을 인용할 때 "성령이 우리에게 증언하시되"(히 10:15)라고 말한다. 로마서 15장 13절 역시 살펴보자.

"소망의 하나님이 모든 기쁨과 평강을 믿음 안에서 너희에게 충만하게 하사 성령의 능력으로 소망이 넘치게 하시기를 원하노라."

그리고 로마서 15장 4절은 이렇다.

"무엇이든지 전에 기록된 바는 우리의 교훈을 위하여 기록된 것이니 우리로 하여금 인내로 또는 성경의 위로로 소망을 가지게 함이니라."

당신은 어떻게 소망을 얻었는가? 어느 곳에서, 어떤 방법으로 얻었는가? 위의 두 구절을 대조하면 당신은 '소망이 넘치는' 것이 '소망의 하나님'(원천)으로부터 '성령의 능력'(대리인)을 통해서 나온다는 사실을 알게 될 것이다. 그러나 그것은 "우리로 하여금 인내로 또는 성경(대리인이 사용하는 방법들)의 위로로 소망을 가지게" 하는 것을 통해서 이루어지는 게 분명하다. 이 두 가지는 너무 긴밀하게 결합되어 있어서 독자가 고통을 겪을 때에만 분리될 수 있을 정도이다.

한 구절을 더 살펴보자. 바울은 디모데후서 3장 16절에서 성경은 '책망'한다고 말한다. 그러나 요한복음 16장 8절을 보면 예수님은 책망하는 것은 성령의 일임을 분명하게 지적하신다. 그 두 가지가 모순이 아니라 동일하다는 게 한 번 더 분명해진다. 그러므로 우리가 하나님의 뜻을 따라 걷기 위해서 성령의 '인도'를 받는 것에 관해 읽을 때(롬 8장, 갈 5장) 우리는 그런 인도가 성경과 무관한 것이 아니라 성경을 통해 발생한다는 사실을 깨달아야 한다. 성령은 우리가 기록된 말씀을 이해하고 따르게 만들 수 있는 순간에 인도하신다.

그러나 이것이 저절로 이루어지는 것은 아니다. 성령은 하나의 인격이시다. 당신은 그분과의 관계가 지극히 중요하다. 그것은 그분의 활동에 영향을 끼친다. 만일 그분을 거스르면 죄의 고백이나 용서로 이어지는 가슴 저미는 회개가 있기 전까지는 말씀을 통해 그분에게서 빛을 얻고 지시를 받고, 또한 힘을 얻는 것은 기대할 수 없다. 그리고 성령은 당신이 도움을 청하려고 말씀으로 돌아서지 않으면 틀림없이 화내신다. 하나님의 영과 적절한 관계를 맺으라. 이것이 바로 첫 걸음이다. 전쟁에서 승리한 이후에는 밀드레드의 경우처럼 다른 것들과의 싸움도 가능해진다.

그다음에 우리는 무엇을 이야기해야 할까? 하나님의 말씀, 하나님의 진리(요 17:17)는 성령이 그것을 사용하시는 순간에 거룩해지는 게 분명하다. 이것이 바로 성도라고 하면 예외 없이 충분히 숙달해야 하는 위대한 방어용 무기이다. 진리는 적의 무기고에 있는 그 어느 것보다 강력한 무기이다.

'거짓의 아비'는 진리에 대해서 무지하다. 그는 진리의 능력이 결여되어 있고 그것을 견디지 못한다. 그는 하나님 말씀의 화전을 소멸할 수 있는 신앙의 방패를 소유하고 있지 못하다! 당신은 주님의 전투를 치르면서 적의 무기를 사용해서는 절대 안 된다. 그것들은 무용하고 하나님의 무기보다 덜 강력할 뿐만 아니라 그것을 사용하면 언제나 패배할 것이다.

　당신이 거짓, 기만, 또는 그릇된 검을 잡을 경우 성령은 당신에게 힘을 주거나 당신을 사용하지 않으실 것이다. 당신이 악한 자와 겨루고, 그래서 그로부터 벗어나고자 한다면 성령의 검, 즉 그분이 제공하고 사용하시는 무기, 진리의 검을 그의 정면에서 뽑아야 한다.

09

The Believer is Other Weapons

기도와
믿음의 방패는
또 다른
무기들이다

모든 기도와 간구를 하되 항상 성령 안에서
기도하고 이를 위하여 깨어 구하기를 항상 힘쓰며
여러 성도를 위하여 구하라. 엡 6:18

————————— 예수님은 제자들에게 진리의 영이 그들을 모든 진리 가운데로 인도하실 것을 약속하셨다(요 16:13). 그 약속은 분명히 인간에게 주어진 하나님 진리의 계시를 완성한 신약성경의 집필을 통해서 성취되었다. 예수님을 통해 모든 것이 정점에 도달했던 것처럼 그분에 관한 계시 역시 마찬가지였다. 우리가 살펴본 바대로 진리의 영은 우리가 진리의 검을 휘두를 때 내적 싸움에서 승리를 거두도록 우리를 도우신다.

내가 또 다른 무기들이 있다고 말한다고 오해하면 안 된다. 계시된 무기 이외의 것은 없다. 삶과 경건함을 유지하는 데 필요한 모든 것은 성경에서 발견할 수 있다. 그것 이외에 필요한 것이나 요구되는 것은 아무것도 없다. 당신은 성경을 통해 진리, 안내, 경고, 책망,

충고를 발견할 수 있는데, 그 모든 것은 그리스도의 군사라면 주님의 전쟁을 치르는 데 언제나 필요한 것들이다.

하나님은 성경을 통해서 "모든 선한 일에 너희를 온전하게 하사 자기 뜻을 행하게"(히 13:21) 하려고 준비시키셨다. 그러나 전쟁을 치르기 위해서 다른 무기들을 능력 있게, 그러면서도 효과적으로 사용해야 한다면 성경이 수반되지 않으면 안 된다. 그것들을 명시한다면 믿음과 기도이다.

기도는 모든 무기의 동력이다

바울은 성도들 무장의 각기 다른 부분을 설명하는 가운데 기도를 하나의 무기일 뿐만 아니라 다른 모든 것을 수반해야 하는 요소로 언급하고 있다.

"모든 기도와 간구를 하되 항상 성령 안에서 기도하고 이를 위하여 깨어 구하기를 항상 힘쓰며 여러 성도를 위하여 구하라"(엡 6:18).

이것과 아울러 그리스도께서 자신의 제자들에게 하신 말씀을 들어보라.

"시험에 들지 않게 깨어 기도하라. 마음에는 원이로되 육신이 약하도다"(마 26:41).

성령과 무관하게 자기 능력으로 처리할 경우 제아무리 좋은 의도라 할지라도 실패할 것이다. 예수님은 앞에 놓인 시험에 성공적으로 맞섰고 악한 자를 물리쳤지만 제자들은 시험의 순간에 패배하고 말았다. 왜일까? 예수님은 악한 자와 맞서기 전에 기도했지만 그들은 잠들었기 때문이다.

신학자 윌리엄 헨드릭슨은 바울의 에베소서 6장 18절을 이렇게 주석한다. "병사는 자신의 힘으로 그토록 강력한 적에 전혀 맞설 수 없다. 따라서 그는 무장을 하고 그것을 전장에서 활용하는 순간 하나님의 축복을 위해서 기도하지 않으면 안 된다."

기도는 장비의 일부가 아니라 그 장비를 유리하게 사용할 수 있게 만드는 동력이다. 기도는 기독교 전사가 성령에게 도움을 청하는 수단이기 때문에 그렇다. 그러므로 에베소서 6장에 언급된 모든 방어 장비를 갖추고 한 가지 방어 장비(성령의 검)를 휘두르면서 홀로 전장으로 전진하는 것은 재앙을 자청하는 일이다. 이것이 바로 마태복음과 에베소서 양쪽에서 조심하도록, 즉 기도의 문제를 방심하지도, 무관심하지도 않도록 주의를 주는 이유이다. 아무리 의도가 좋더라도 전쟁에서 이기려고 허약한 자아에 의존한다면 어느 것도 얻지 못할 것이다. 사실 우리가 육신 그 자체와의 싸움을 끝내는 것은 그 이상이다!

칼빈은 그가 가장 좋아하는 책이라고 불렀던 디모데후서를 본문으로 한 자신의 열여덟 번째 설교 가운데 이렇게 말했다. "그러므로 우리는 하나님이 날마다 우리에게 힘주시기를 기도해야 한다. 그분이 우리를 이 세상에서 데려가실 때까지 말이다. 아울러 우리로 하여금 자신의 미덕을 통해 생각하거나 우리의 사악한 마음들을 이기려고 하지 않기를 기도해야 한다. 반드시 승리하게 하는 분은 바로 하나님이시다."

기독교 병사의 기도는 성령 '안에서', 그리고 그분을 '통해서' 이루어져야 한다. 유다는 같은 맥락에서 이렇게 말했다. "너희는… 성령으로 기도하며"(유 1:20). 전쟁은 기도 중에 성령의 도움을 받는 것이 물론 중요하다. 성령이 친히 간구하신다고 바울이 말한 것은 바로 이 도움을 가리키는 것인데, 우리의 기도가 너무도 자주 흔들리고 일관적이지 못하며, 또한 무지하기 때문이다(롬 8:26-27). 따라서 갈라디아서 5장 17절에서 말하는 주장이 사실이라는 게 분명해진다. 실제로는 성도가 무시되는 것이 아니지만 전쟁은 주님께 속한 것이기 때문에 지혜와 능력은 언제나 그분으로부터 주어진다.

이와 관련해서 스펄전은 아주 적절하게 말했다. "우리의 모든 능력은 기도하기에 달렸다." 그러나 이것 역시 알아두어야 한다. 만일 당신이 준비를 위해 하나님께 요구하는 기도 그 자체를 포함해서 그분이 전쟁의 모든 측면을 제공하신다면 실수를 범해서는 안 된다. 실패는 용납되지 않는다. 당신은 기도하는 법을 모른다고 변명할 수조차 없다!

기도는 사탄이 소유하지 못한 자원이고, 따라서 육신은 그것을 전혀 알지 못한다. 하지만 그것은 당신의 것이다. 주님이 당신에게 소홀히 하지 말도록 경고하신 막강한 재산 말이다. 제자들이 깨달았고, 또 우리 모두가 알고 있는 대로 충실한 기도는 물론 어렵다. 그리고 바로 이것 때문에 많은 전쟁에서 패배한다. 말씀을 알고 마음이 바른 목표에 고정되어 있으며 내적 전쟁에서 승리하고자 하는 사람들이 그럼에도 불구하고 기도하지 않는 탓에 실패하는 것이다.

예수님은 우리의 실패하는 경향을 아셨기 때문에 어떻게 해서든지 우리에게 기도를 가르치려고 하셨다. 군사의 중요한 간구가 등장하는 주님의 기도까지 포함해서 말이다. "우리를 시험에 들게 하지 마시옵고 다만 악에서 구하시옵소서"(마 6:13). 그분은 비유를 통해 우리에게 기도를 역설하셨다.

누가는 그 가운데 하나에 관해 이렇게 말했다. "항상 기도하고 낙심하지 말아야 할 것을 비유로 말씀하여 이르시되"(눅 18:1-2). 시편 상당수가 전쟁 중의 기도와 관련이 있다. 기도가 성공적인 전투의 생생한 조건임은 분명하다. 자신이 싸우지 않을 때처럼 기도하면 당신은 성공적인 전투를 치르는 것이 아니다.

믿음으로 성령 안에서 걸으라

믿음 없이는 하나님을 기쁘게 할 수 없다. 게다가 신

앙은 악한 자와 우리 육신의 공격으로부터 우리를 보호하는 방패이다. 신앙은 군사의 기본적인 장비의 일부이다. 물론 그리스도인마다 구원하는 믿음을 지니고 있다. 그러나 믿음의 방패를 드는 것은 성도가 자신을 더욱더 아버지의 손에 맡기면서 그분께 자기 삶의 인도를 청하는 계속적이고 진행 중이며, 또 심화되는 하나의 과정이다. 그런 믿음은 말씀 속에 표현된 하나님의 뜻을 그 어떤 것이 됐든지 간에 간절하게 받아들인다. 그분을 위해서 무엇이든 감수하고, 그분이 생각하는 것은 무엇이든 견디며, 또 그분이 부르실 때는 언제나 순종하는 것은 그 자발성 속에서 확인할 수 있다. 그분은 언제나 옳기 때문이다.

언젠가 필립스 브룩스는 진리가 믿음을 거쳐야 비로소 강력해진다는 내용을 주제로 설교한 적이 있다. 설교 본문은 히브리서 4장 2절로, 히브리서의 기자가 말씀은 듣는 사람이 "믿음과 결부시키지 아니하기" 때문에 유익하지 못하다고 말하는 부분이다. 이것은 기도에도 적용할 수 있다. 우리가 믿음으로 기도하지 않으면(약 1:6) 우리의 기도는 전달되지 않을 것이다.

그러나 브룩스가 지적한 대로 믿음은 능력에 본질적인데, 이는 믿음과 화합할 때까지 말씀은 활동하지 않기 때문이다. 브룩스는 이렇게 설명한다. "진리와 또 진리를 위해서 준비된 영혼은 연료와 불길이 만나는 것과 같다." 그는 가능성과 실책이 만나는 곳에서 예외 없이 발견되는 그 슬픈 광경에 탄식한다. 그가 이것을 통해 의도하는 것은 기발한 생각이나 잠재력을 지닌 사람은 언제나 무언가 행동으로 옮길 것 같지만 실제로는 그 어느 것도 생산하지 못한다는 것이다.

브레드는 믿음과 기도 양쪽 모두 결여됐다. 이것이 그가 스스로와 타협하려고까지 하고, 이제는 재앙의 가장자리에서 비틀거리고 있음을 깨달은 이유이다. 밀드레드의 사례처럼 그 사실을 아주 자세하게 다루지 않고 브레드에 관해서 잠시 생각해보자.

그를 힘겹게 만든 것은 그의 아내였다. 그녀는 브레드를 무시하고, 그의 새로운 신앙을 조롱하며, 그가 성적 범죄의 유혹을 받도록 만들었다. 그의 반응은 무엇이었는가? 자기 연민, 음란물의 탐닉, 죄에 물든 상상, 그리고 철저한 간음의 기대였다. 그에게 필요한 것은 분명히 자신을 겨냥한 화전을 소멸시킬 수 있는 믿음의 방패였다! 그는 기도도 느슨해져서 적은 그의 삶 속에서 교두보를 확보하고 꾸준한 속도로 전진을 거듭했다.

자신의 조국을 위해서 전투를 벌이는 기독교 병사가 이런 식의 행동을 할 수 있을까? 결혼한 사람이 오랫동안 집과 멀리 떨어진 전투에 참가한다고 해서 창녀를 통해 성적 욕구를 만족하도록 허용되어야 할까? 분명히 그렇지 않다. 그가 억제할 수 있을까? 분명히 그렇다. 전쟁에 참가하는 수많은 기독교 남성이 그렇다는 것을 증명할 것이다. 따라서 브레드 역시 가능하다. 그 역시 전쟁 중이다. 그는 "하지만 시험이 너무 드세다"고 하소연한다. 이국땅에서 전투를 벌일 경우에도 드세기는 마찬가지다. 그것이 전쟁이다! 브레드는 "그리스도 예수의 좋은 병사로"(딤후 2:3) 함께 고난받도록 교육받은 적이 결코 없었다.

브레드의 대표적인 문제는 믿음의 결여에 있었다. 실제로 그는 하나님이 해결하리라고 믿지 않았다. 그는 총사령관의 전쟁계획을 의심했다. 그는 고린도전서 10장 13절과 로마서 8장 28절의 적당한 혼합물이 필요했다. 믿음과 화합된 말씀은 극복할 수 있는 힘을 제공한다. 그러나 브레드는 현재 믿음이 거의 없기 때문에 능력도 거의 없고 상당한 패배만이 있을 뿐이다. 요한은 이렇게 말한다. "세상을 이기는 승리는 이것이니 우리의 믿음이니라"(요일 5:4).

그렇다면 브레드는 자신에게 결여된 믿음을 어떻게 획득할 수 있을까? 주의 깊게 말씀을 읽음으로써 가능하다. 음란물과 영화의 집착, 그리고 환상에 시간을 소모하는 대신 그런 쓸모없는 시간을 믿음을 강화시키는 말씀에 대한 집중적인 연구에 쏟아야 한다. 믿음은 들음에서 나고, 들음은 그리스도의 말씀을 통해서 얻어진다. 브레드는 너무도 오랫동안 그릇된 음성에 귀 기울여 왔다.

게다가 전장의 여느 병사처럼 싸우느라 분주한 순간에 자신에게 미안함을 느낄 시간이 거의 없었다. 브레드가 하나님이 주신 방향으로 충실하게 따라가면 너무 분주해서 육신의 정욕을 채울 수 있는 여유나 힘이 없을 것이다. 이것이 바로 "성령 안에서 걷는다"는 뜻이다. 말씀 안에 계시된 것처럼 성령의 뜻을 따라서 걷는 것이다. 구석에 앉아서 넋두리를 늘어놓으며 자신에게 미안함을 느끼는 것은 성령 안에서 걷는 게 아니다. 만일 브레드가 무장을 하고 싸움에 뛰어들어 적과 맞서면서 언제나 하나님의 말씀과 영을 기도하듯 신뢰한다면 그는 이내 자기 삶 속에서 역사하는 성령의 능력을 발견할 것이다.

이와 관련해서 칼빈은 이렇게 말했다. "우리가 하나님을 섬기지 못하면 사탄이 우리에게 저항하게 되고, 그러면 그가 우리를 겨누는 공격과 맞서야 할 것이다. …우리는 전쟁이 무엇을 뜻하는지 알기 위해서 우리 자신을 벗어날 필요도 없다."

브레드는 자신의 아내에게 능력 있는 사람으로서 더욱 부각될 수도 있을 것이다. 그가 어쨌든지 반드시 그녀를 그리스도께로 사로잡아야 한다면, 먼저 그 자신의 내적 전쟁에서 승리를 지속시키지 않으면 안 된다.

당신은 어떠한가? 전쟁은 어떻게 진행되고 있는가? 기도나 믿음 부족으로 전쟁에 패하고 있는가? 자신을 꼼꼼히 살펴보라. 육신이 승리를 거두고 당신 생활의 대부분을 장악하고 있는가? 아니면 그 것이 도망치게 만들었는가? 언제나 두 가지 중에 한 가지일 것이다. 이 전쟁에는 정전이나 휴전이 있을 수 없다. 적을 발견하고, 성령께 도움을 구하며, 하나님이 활용할 수 있도록 허락한 온갖 자원을 동원해서 적과 싸우라. 이렇게 할 때 당신은 현재 벌어지는 전투를 이내 승리로 이끌 것이다.

Calling In Reinforcements

예수 그리스도를
위하여
다른 사람들에게
도움을 청하라

서로 돌아보아 사랑과 선행을 격려하며 모이기를 폐하는
어떤 사람들의 습관과 같이 하지 말고 오직 권하여 그날이
가까움을 볼수록 더욱 그리하자. 히 10:24-25

──────── "항아리도 자기 자리는 있다"는 옛말은 거짓이다. 그
럴 수 없기 때문이다. 우리가 처음 숨을 들이쉬려고 입을 뗀 순간부
터 숨이 끊어질 때까지 우리는 다른 사람을 의지한다. 인생은 의존적
이다. 우리는 하나님을 의지해야 한다. "그를 힘입어 살며 기동하며
존재"(행 17:28)하기 때문이다. 우리는 음식, 보호, 그리고 양육을 부
모에게 의지했다. 또한 식량을 농부들에게, 그리고 전기, 수도, 교통
수단, 생활을 지속하게 하고 현대적인 생활방식을 유지하는 데 필수
적인 수없이 많은 기타 서비스 때문에 얼굴도 모르는 무수한 사람들
에게 의지한다. 우리의 특징을 표현한다면 그것은 의존적이라는 말
로 표현할 수 있다.

　그런데 왜 우리는 상호의존이라는 그물을 폄하하는 말을 듣는

것일까? 가령 우리가 '자수성가한 사람'이라고 말하는 것은 무슨 의미일까? 그런 사람은 실제로 존재하지 않는다. 그런 피조물은 결코 있을 수 없다. 하나님은 사람을 그렇게 창조하지 않으셨다. 누군가는 이렇게 말했다. "어느 사람이 직접 포장한 것보다 더 작은 짐은 없다." 소위 자수성가한 사람은 배은망덕한 사람에 불과하다! 그는 하나님의 도움이나 어떤 모양으로라도 도움을 주었던 수많은 사람의 그것을 인정하지 못하는, 교만하고 감사를 모르는 불행한 사람이다. 상당수의 전쟁이 자신으로 족하다고 생각하는 이들 때문에 패배했다!

혼자서 힘겨운 싸움을 할 때

그리스도인이 인생의 고비에서 내적 전쟁에 필요한 연합 전투에 한결같이 성공적으로 참여하기란 불가능하다. 그는 적의 칼날 밑으로 들어가고 있음을 발견한다. 하지만 수많은 그리스도인이 너무 교만해서 도움을 청하지 못한다. 근래에 어떤 여성이 이렇게 말했다. "나는 교인이 아니라서 교회가 필요 없습니다!" 그녀의 말은 잘못이다. 시간이 말해줄 것이다. 하나님은 성령뿐만 아니라 교회를 주셨는데, 성령은 교회를 통해서 종종 도움을 주기도 하신다. 결국 성령은 우리 안에서만 역사하지 않으신다. 성령은 세계 곳곳의 다른 그리스도인들의 삶 속에서 역사하신다. 그리고 과거에도 여러 사람들의 삶 속에서 역사하셨다.

제 몫을 하는 설교자라면 모두 이것을 알고 있다. 이것이 바로 다른 설교자들이 집필한 주석이나 저서를 연구하는 이유이다. 그런 사람이라면 성령이 자신보다 먼저 다른 사람들에게 성경 구절의 의미를 파악할 수 있는 통찰력을 주셨다는 것 역시 알고 있으며, 그래서 본의 아니게 그 자신이나 자신의 회중이 지니고 있는 그런 통찰력을 박탈하려고 하지 않는다. 그리고 그는 예수 그리스도의 사역이 그리스도의 모든 지체에 의해서 적절하게 수행된다는 사실을 알고 있다(엡 4:11-12). 어리석은 설교자들만이 다른 그리스도인들과 긴밀하게 사역하면서 자신이 그들을 그리스도의 전쟁으로 인도하는 순간 협력해서 싸우도록 촉구하는 데 실패할 뿐이다.

밀드레드는 다른 그리스도인들의 매우 소중한 도움을 발견했다. 그녀는 맨 처음에 집으로 돌아가겠다는 결정을 혼자 내린 것처럼 보였지만, 그때조차도 그 결정은 과거 교회, 청소년 모임, 그리고 교회 학교에서 그녀를 가르쳤던 다른 사람들의 사역 덕분이었다. 하나님의 영은 그녀 안에서 활동하시면서 그녀로 하여금 과거에 가르쳤던 성경 말씀을 상기하는 것뿐만 아니라 그것들을 현재 상황에 적용하도록 도움을 주셨다. 롭이 본색을 드러내고, 또 심지어 적절한 행동을 하게 만든 것에는 하나님의 섭리 역시 작용한 것이 분명하다.

밀드레드가 하나님께로 돌아가는 발걸음마다 실제로 다른 사람들이 도움이 되어주었다. 나중에는 그녀의 부모, 목사, 회중, 그리고 그녀의 임신기간 동안 밀드레드와 함께 시간을 보냈던 여러 여성 모두가 그녀의 교정에 기여했다. 우리는 진정으로 사람들에게 의존한다. '고독한 늑대' 그리스도인이나, 독일 사람이 외로운 항해를 염두에 두고서 말하는 것처럼 '잠수함 그리스도인'과 같은 경우는 존재하지 않는다.

당신 역시 도움이 필요할 수 있다. 도움을 청하는 것은 잘못이 아니다. 전쟁이 한참 진행되는 동안 당신이 육신과의 싸움에서 지고 있다고 생각한다면 더 이상 중요한 것은 아무것도 할 수 없을 것이다. 도움을 청하라. 즉시 도움을 청해야 한다! 증원군을 요청하라. 전쟁에서 패할 때까지 기다리지 말라. 다른 사람들이 들것을 운반하는 병사를 불러야 할 때까지 기다리지 말라. 다른 사람들에게 당신 곁에 서서 도와달라고 요청하라. 그러면 당신은 예수 그리스도를 위한 전투에서 승리를 거둘 것이다.

'예수 그리스도를 위한'이라는 말에 주목했는가? 그렇다. 이것 때문에 도움을 청하기 주저하는 마음을 극복해야 하는 것이다. 우리는 단지 자신의 싸움을 하고 있는 것이 아니다. 이것은 주님의 전쟁이고, 그분의 영광을 위해서 이기지 않으면 안 된다. 어떻게 이것을 자신의 전쟁이라고 생각할 수 있겠는가? "이기든 지든 이것은 나의 일이야!"라고 어떻게 말할 수 있는가? 당신을 돕고자 하는 이들에게 어떻게 "자신들의 일이나 신경 쓰라"고 말할 수 있는가? 주님의 전쟁을 치르는 것은 교회 전체의 몫이다.

모든 그리스도인은 서로에게 이해관계를 갖고 있다. 우리는 모두 주님의 군대에 속해 있기 때문이다. 사사로운 싸움은 있을 수 없다. 사사로운 싸움에 말려들게 되면 삶 속에서 그릇된 전쟁을 치르고 있는 것이다. 당신은 어쩌면 싸움보다는 도와야 마땅한 형제와 주 안에서 싸움을 벌이고 있을지도 모른다. 그러니 자신이 문제에 빠졌다고 생각하면 주저하지 말고 증원군을 요청하라.

도움을 받아들이기

그리스도인은 다른 사람들이 전쟁에서 지고 있는 것을 발견하면 예외 없이 돕는 게 필수적이다. 바울은 이렇게 말한다.

> "너희가 짐을 서로 지라. 그리하여 그리스도의 법을 성취하라"(갈 6:2).

이 명령은 억지로 발설하지 않은 어떤 죄에 연루된 이들에게 도움을 주라는 글 속에 포함된 것이다.

> "형제들아 사람이 만일 무슨 범죄한 일이 드러나거든 신령한 너희는 온유한 심령으로 그러한 자를 바로잡고 너 자신을 살펴보아 너도 시험을 받을까 두려워하라"(갈 6:1).

바꾸어서 말하자면 그것은 패배하고 있는 형제를 도와서 전쟁의 흐름을 역전시키라는 명령이다. 하나님은 어떤 형제가 적에 의해서 정복되고 있음을 발견하면 사랑으로 그와 더불어 싸움에 참여하도록 우리에게 명령하신다. 우리의 목적은 그를 유용한 자리로 '회복시켜서' 믿음 안에서 도움을 받고 치료를 받고, 또 원기 왕성해서 자신의 짐을 질 수 있게 도와야 한다(갈 6:5).

당신은 얼마나 자주 그런 명령을 어겼는가? 또는 그런 상황 속에서 다른 사람을 돕는 일에 주저하고 있는가? 만일 그렇다면 우리 모두가 주님의 사역을 하면서 서로를 의지하는 그 의존관계를 알기 시작할 때이다. 알지 못하기 때문에 주저하고 있다면 이 명령에 복종하는 법을 보여줄 수 있는 여러 가지 방법이 있다.

그러나 여기에서는 주로 패배를 겪은 여러 그리스도인 사이에서 볼 수 있는 도움을 수용하지 않으려는 태도에 대해서 언급하고자 한다. 어리석은 교만 때문에 육신과의 전투에서 실패하는 요즘의 그리스도인들이 있는데, 그것은 도움을 받을 수 없어서가 아니라 자신이 그것을 이용하려 들지 않기 때문이다. 그것은 비양심적인 행동이다. 전쟁은 당신에게 속한 것이 아니라 주님에게 속한 것이기 때문이다. 당신이 패배한 그리스도인이라면 어떻게 감히 도움을 거절할 수 있는가? 하나님은 다른 사람들에게 당신을 도우라고 명령하셨고, 또 당신에게 그런 도움을 받아들이도록 명령하신다.

성령께 도움을 청해야 한다고 주장하는 이들이 있다. 맞는 말이다. 하지만 성령은 간혹 다른 그리스도인을 활용하는 자신의 말씀 사역을 통해서 역사하기도 하신다. 그리스도께서 직접 자신의 교회에 가르치는 은사를 주셨다. 그분은 온갖 종류의 격려자와 돕는 자들을 역시 제공하셨다.

"그가 어떤 사람은 사도로 어떤 사람은 선지자로 어떤 사람은 복음 전하는 자로 어떤 사람은 목사와 교사로 삼으셨으니"(엡 4:11). "우리에게 주신 은혜대로 받은 은사가 각각 다르니 혹 예언이면 믿음의 분수대로 혹 섬기는 일이면 섬기는 일로 혹 가르치는 자면 가르치는 일로 혹 위로하는 자면 위로하는 일로 구제하는 자는 성실함으로 다스리는 자는 부지런함으로 긍휼을 베푸는 자는 즐거움으로 할 것이니라"(롬 12:6-8).

이런 준비된 것들을 이용하지 못하고, 자신의 자원만을 활용하면서 싸우는 것이 더 낫다고 교만하게 주장하는 것은 실제로는 그리스도께서 자신의 교회를 세우셨을 때 알지도 못하는 행동을 했다고 말하는 것이다. 달리 해명할 수 있는 유일한 것은 다른 사람들로부터 도움을 받지 않아도 될 만큼 자신이 특별하다고 생각해서 다른 그리스도인들에게는 꽤나 중요한 그리스도의 도움이 자신에게는 불필요하다고 간주하는 것이다. 어느 쪽이든 간에 문제는 교만이다.

교만 때문에 육신과의 여러 전투에서 패배를 기록한다. 전투를 용인해야 하는 당혹스러움 때문에 전투와 패배를 겪는 이들의 입을 다물게 하는 교만, 도움을 제공받지만 그것을 거절하는 이들의 교만 말이다. 강조하려는 핵심은 바로 이것이다. 당신은 지금 그분의 군대에서 그리스도를 위해 싸우고 있다. 그리스도께서 당신에게 도움을 주거나 받으라고 말씀하시면 그것은 명령이다. 총사령관은 당신이 아니라 그분이시다. 당신은 그것이 마음에 들건 아니건, 당혹스럽건 아니건 간에 명령에 따라야 한다. 그럼에도 불구하고 당혹스러워하는 것은 무엇 때문일까? 그것은 교만하다는 대표적인 증거이다. 당신이 당혹스러워한다는 것은 임무가 무엇이든 간에 스스로 그것을 처리할 수 있어야 한다고 생각하다가 그럴 수 없다는 것을 발견하는 순간 당혹스러워하게 된다.

혼자서 감당할 수 없는 전투는 많다. 그리스도께서 교회를 통해 도움을 제공하시고 자신의 군대로 하여금 전투를 치르면서 서로 돕도록 명령하신 것도 이 때문이다.

우리는 도움 청하기를 주저하는 사람들에게 이렇게 말한다. "자신이 가라앉고 있다는 생각이 들고, 또 자신의 시도가 쓸모없음을 깨닫는 순간에 곧장 소리 내어서 도움을 청하십시오. 더 이상 함정을 빠져나오는 게 불가능할 때까지 기다리지 마십시오. 우리가 이해할 수 있는 게 고작 귀뿐일 때는 누구든지 늘 상당히 어렵습니다!"

결혼생활에 문제가 있는가? 정욕 때문에 전쟁에서 패하고 있는가? 거짓 때문에? 도둑질 때문에? 분노나 고통 때문에? 낙심 때문에? 악의 세력들이 어느 다른 방법으로 당신의 영혼이라는 요새로 몰려드는 것 같은가? 그렇다면 증원군을 요청하라. 지체하지 말라. 당신은 지금 병력의 증원이 필요하다!

몇 가지 예를 들어보자. 어제는 한 여성이 어떻게 감정을 상하게 만들었는지 전혀 떠오르지 않는 사람까지도 직접 찾아가서 용서를 구해야 하는지 전화로 물어왔다. 그녀가 형편없고 비성경적인 충고를 얻느니 도움을 청한 것은 옳았다. 그녀가 어떤 사람이 화를 내면 그를 찾아가서 화해하도록 노력해야 할 의무(마 5:23-24)가 있다는 것을 알기 위해서는 나보다는 그녀가 속한 교회의 목사에게 도움을 구하는 게 마땅할 수 있다. 분명하게 밝혀지지 않은 잘못 때문에 그녀를 찾아가서 만나는 게 다른 사람의 의무일 때도 그렇다. 그러나 어쨌든 간에 그녀는 자신의 무지를 기꺼이 인정하고, 그 전투에서 어떻게 하면 가장 잘 승리할 수 있는지 배우려고 도움을 구했다. 아주 잠깐 나는 그녀가 전투에서 승리할 수 있도록 돕기 위해 가까이 다가가서 함께 싸웠다.

내 책상에는 오늘 도착한 편지 한 통이 놓여 있다. 내용에는 서너 가지 요구가 담겨 있는데, 그중 하나가 목사와 소원한 교인들 사이를 중재하도록 방문해 달라는 것이었다. 그들은 모두 전쟁에서 패배하는 중이었다. 그러나 이 목사는 다른 사람들과는 달리 증원군이 필요하다는 것을 기꺼이 인정하고 있었다. 간혹 목사에게도 종종 도움이 필요할 때가 있다. 그가 호소할 수 있는 장로회나 다른 모임은 없다. 나는 그 회중이나 그 목회자와 과거에 안면이 있었고, 덕분에 증원군을 요청받고 있는 것이다. 나는 될 수 있는 대로 나의 능력, 곧 하나님이 주신 힘으로 그 일을 도울 것이다.

우리가 살펴본 대로 성령은 자신의 말씀을 통해서 사역하신다. 그러나 그 말씀은 앞에서 지적한 대로 간혹 섬겨진 말씀이다. 이것은 무슨 뜻일까? 사도행전 6장 4절에 기록된 사도들의 말을 기억할 필요가 있다. "우리는 오로지 기도하는 일과 말씀사역(말씀의 봉사)에 힘쓰리라." '봉사'라는 말의 뜻은 '섬김'이라는 뜻으로 '봉사자'가 '종'을 뜻하는 것과 같다. 하나님은 목사와 교사들을 자신의 말을 섬기도록 임명하셨다. 웨이터들이 식탁을 서빙하는 것과 거의 마찬가지로 말씀의 봉사자는 건전한 성경의 진리를 그것을 필요로 하는 이들에게 제공해야 한다. 그렇게 하는 가운데 말씀의 봉사자의 임무는 자신이 섬기는 이들의 상황에 적합한 그런 진리들을 발견하고 설명하며, 또 응용하는 것이다.

말씀의 봉사자들은 말씀을 전파하는 것과 우리가 상담이라고 부르곤 하는 개별적인 말씀의 봉사로 도움을 제공한다. 어느 방법이든 간에 그것은 봉사되어야 하는 일반적으로, 또는 상담의 경우에는 더욱 제한적으로 선포된 바로 그 말씀이다. 그것은 성령이 격려하고 인도하며, 또 힘을 주시는 하나님의 말씀이다. 이따금 동료 교인들의 보다 우연한 도움이 엄청난 차이를 만들어 내기도 한다.

"매일 피차 권면하여 너희 중에 누구든지 죄의 유혹으로 완고하게 되지 않도록 하라"(히 3:13).

이것이 바로 모든 성도에게 같은 책 후반에 등장하는 명령에 순종하는 것이 중요한 이유가 된다.

"모이기를 폐하는 어떤 사람들의 습관과 같이 하지 말고"(히 10:25).

이유는 이렇다.

"오직 권하여 그날이 가까움을 볼수록 더욱 그리하자"(히 10:25).

이런 도움의 대부분은 적절하게 사용되면 예방적일 수 있다. 일부는 교정적인 기능을 할 것이다. 그러나 어떤 경우라도 교회와의 밀접하면서도 개인적인 유대가 조장되고 고수되어야만 어떤 도움을 필요로 하든지, 돕는 경로가 무엇이든지, 그리고 어떤 도움을 주고받든지 간에 명확하게 유지될 수 있을 것이다.

11

Defeat

패배는
일시적이지만
패배를 통해서
승리를 배운다

모든 성경은 하나님의 감동으로 된 것으로 교훈과 책망과
바르게 함과 의로 교육하기에 유익하니. 딤후 3:16

────────── 패배! 이것은 듣기 좋은 말이 아니다. 그렇지 않은
가? 그러나 성경의 역사상 가장 위대한 사람들 가운데 일부, 즉 모
세, 아브라함, 다윗, 솔로몬, 베드로도 패배를 겪고 무릎을 꿇었다!
그들의 비밀은 무엇이었을까?

당신은 내적 전쟁을 치르면서 전투가 기울든지 승리하든지 간에
패배를 경험할 것이다. 어떤 경우든지 당신 내부의 어느 한쪽은 패배
자가 되기 때문이다. 중대한 전투가 벌어질 때마다 당신의 '마음'이
든 아니면 '육신'이든 패배하게 될 것이다. 전투에서 육신에게 패할
경우, 먼저 승리의 환희를 경험하겠지만 이내 회개로 이어지는 패배
의 쓰라림에 직면할 뿐이다. 당신이 어떤 죄악이 주는 쾌락에 빠져서
그것이 주는 외면상의 자유나 일시적인 즐거움을 탐닉할 수 있지만,

주님의 마음을 상하게 하고 성령을 슬프게 했기 때문에 결국에는 절망할 뿐이다. 그런데 이상하게도 성령이 육신을 상대로 승리할 수 있게 하실 때는 당신이 영원한 승리의 영광을 안다는 것이다.

그러나 내가 당신과 함께 이 장에서 생각하고 싶은 것은 당신의 마음(속사람)을 상대로 육신이 승리를 거두는 것이다. 패배는 낙심을 불러올 수 있다. 사실 악한 자는 당신이 절망 속에서 전쟁을 포기하고 육신에게 사로잡히게 허용하도록 설득하는 것 이외에 달리 바라는 것은 없다. 하지만 그것은 바로 당신이 용납해서는 안 될 일이다. 하나님은 육신에게 패하는 것이 불가능하게 만드셨을 뿐만 아니라 결국에 가서는 패배가 승리로 바뀔 수 있도록 도울 준비를 하고 계신다. "내 형제들아 너희 중에 미혹되어 진리를 떠난 자를 누가 돌아서게 하면 너희가 알 것은 죄인을 미혹된 길에서 돌아서게 하는 자가 그의 영혼을 사망에서 구원할 것이며 허다한 죄를 덮을 것임이라"(약 5:19-20). 당신은 바울 못지않게 야고보가 그리스도인들에게 패배를 승리로 전환시키기 위해 서로 돕기를 기대하고 있다고 인용한 그 구절에 주목할 것이다.

그러나 우리는 앞장에서 상호 간의 섬김에 대해서 설명했다. 이제 나는 패배의 결과에 관해서 생각하고자 한다. 즉 패배의 궁극적인 결과나 또는 다른 사람들이 한 사람을 패배로부터 이끌어내는 데 어떻게 개입할 수 있을 것인가에 관해서가 아니라 전투에서 패배한 사람들에게 어떻게 영향을 끼치느냐에 대해서 말이다. 그런 사람은 패배를 어떻게 처리할 수 있을까?

패배는 일시적이다

당신은 자신이 지금 겪는 다소의 패배는 물론 세계 곳곳의 수많은 다른 그리스도인의 삶 속에서 일어나는 유사한 패배에도 불구하고 결국에 가서는 그리스도께서 우주적 전쟁, 지구의 전쟁, 심지어 당신의 내적 전쟁에서 승리하시리라는 사실을 알고 있다. 당신은 승리하는 쪽에 속해 있다. 이것 때문에 당신의 행동이 전혀 중요하지 않은 것처럼 부주의하게 될 것이 아니라 일어나서 상처를 치료하고 다시 앞으로 나가도록 자신을 격려해야 한다. 지금은 승리의 순간이기 때문이다! 당신 스스로가 그리스도 안에서 승리할 수 있음을 아는 전쟁을 치르고 있다. 당신이 만일 전쟁에서 패배하고 있다면 그것은 단지 당신의 잘못 때문이다. 전쟁에 필요한 모든 것은 당신 몫이다. 당신은 그것들을 사용하는 법을 익혀야만 한다.

당신이 실제로 하나님의 자녀라면 결국 하나님은 당신을 자신에게로 이끌어서 마침내 타락한 몸이 버려지는 것처럼 당신에게서 모든 죄악을 제거해서 더 이상 당신을 상대로 싸우지 않는 새롭고 영광스러운 몸으로 이내 변형시키실 것이다. 대신 몸은 주님을 기쁘게 하는 그런 방법만을 바라고, 또 배우는 쪽으로 전적 협력하게 될 것이다. 성령의 인도하심에 완벽하게 복종하는 몸을 생각해보라!

패배는 당신에게 절망을 가져다주기보다는 그런 일이 실현될 날을 갈급하게 만든다. 이제는 가능한 한 그것의 실현에 가깝게 살도록 자신을 격려해야 한다. 당신은 성령과 말씀을 통해서 승리를 경험할 수 있는 잠재력을 지니고 있다! 주님께 속한 전쟁의 오랜 베테랑인 루터는 이렇게 말한다. "성경은 뱀의 머리를 깨뜨리고 악마를 압도할 수 있는 법을 가르쳐준다." 그에 따르자면 그리스도인은 "뱀의 머리를 깨뜨릴 수 있는 힘은 물론… 부단히 자신의 육신을 십자가에 못 박을 수 있는 힘이 비축되어 있다."

그리고 그는 이렇게 주장한다. 성령은 "그들(신자들)이 죄에 저항하고 그것을 끝낼 수 있는 방법을 통해서 도움과 힘을 주신다." 루터가 지적하는 것이 성령의 능력을 통해 성경을 사용하는 그리스도인이라는 점에 주목하라. 전쟁에서 승리하는 데는 그 이외의 것이 필요 없다.

잘못은 변상할 수 있다

당신이 알아두어야 할 두 번째 사실은 잘못을 변상할 수 있다는 것이다. 야고보서 5장 19~20절은 "진리를 떠난 자"를 돌아오게 해서 "허다한 죄"를 덮는 이들을 칭찬한다. 이것은 패배가 주님을 위한 승리로 전환될 수 있다는 뜻이다.

동일한 죄를 계속해서 반복할 필요는 없다. 당신은 육체의 방법을 물리치고 하나님을 기쁘시게 하는 방법으로 움직일 수 있도록 그것을 다시 길들일 수 있다. 그리스도께서는 죄의 장악력을 깨뜨리셨다. 죄는 더 이상 당신의 지체를 지배할 필요가 없다. "그러므로 너희는 죄가 너희 죽을 몸을 지배하지 못하게 하여 몸의 사욕에 순종하지 말고"(롬 6:12).

바울은 디모데후서 3장 16절에서 성령이 변화를 일으키기 위해 성경을 사용하는 순간, 성도들의 삶 속에서 그것이 담당하는 기능 가운데 하나가 '교육'이라고 말한다. 그리스어로는 "다시 곧게 서다"라는 뜻이다. 육신이 당신을 때려누일 수 있고, 또 죄를 깨닫게 하는 성경의 능력이 오직 당신의 문제들을 강화시키는 것처럼 보일 수 있지만, 성경은 당신을 결코 외면하지 않는다. "모든 성경은 하나님의 감동으로 된 것으로 교훈과 책망과 바르게 함과 의로 교육하기에 유익하니"(딤후 3:16).

성경은 당신 방법이 그릇됐음을 보여주고 하나님 앞에서 회개시키기 위해 당신을 비참하게 만들지만, 그다음에는 당신을 일으켜 세워서 먼지를 털어주고, 당신을 돌이켜 세워서 죄를 벗어날 수 있는 길을 보여주며, 또한 장차 그것을 벗어날 수 있는 방법을 들려준다. 당신은 변화할 수 있다. 하나님이 배반한 자녀들을 변화시키려고 사용하는 주요 방법 가운데 하나가 패배이다. 당신은 패배가 결국에는 승리에 이르는 길이 될 수 있음을 알아야 한다.

제1차 세계대전 후에 독일은 종전 조약에 따라서 무기, 전투 장비, 탄약의 대부분을 폐기해야 했다. 하지만 그 결과 제2차 세계대전이 발발했을 때 독일은 현대화된 장비와 새로 제조된 화약으로 무장한 유일한 강국이었다. 폴란드, 저지방 국가들(벨기에 등의 국가들 – 역자주), 그리고 프랑스가 급속히 패배한 한 가지 이유이다. 연합국은

초기에 근거지를 상당수 상실했는데, 자신들이 소유한 구식 장비들이 파괴되었기 때문이 아니라 새로운 독일 무기들을 상대할 수 없는 낡은 재고품들에 의존했기 때문이었다. 그들은 터지지 않는 포탄, 너무 느린 비행기, 그리고 탱크 방어장비의 결여 때문에 어려움을 겪었다. 독일의 패배기간은 실제로 그들에게 변화의 이점을 확보할 수 있는 기회를 제공했는데, 다음 전쟁이 발발하는 순간 그 사실은 너무나 분명했다. 게다가 독일의 군부는 두 전쟁 사이의 기간에 자신들이 과거에 패배한 이유를 면밀하게 연구했고, 그래서 히틀러가 권력을 잡기 훨씬 전에 자신들이 연구한 것을 토대로 새로운 전략과 전술을 발전시켰다.

여기에서 내가 말하고 있는 것은 이게 전부이다. 즉 당신에게 자신의 결함을 확신시키고, 당신의 교만과 자기만족감을 깨뜨리며, 또한 당신에게 미래를 위한 하나님의 새로운 가능성을 깨닫게 하는 데는 가끔 절대적인 패배가 필요하다는 것이다. 패배는 성령의 장비 가운데 가장 예리한 교육방법이 될 수 있다.

그것은 부분적으로 예수님이 죄를 짓거든 눈을 뽑고 손이나 발을 자르라고 역설하실 때 쓰신 말씀인데, 그것이 비록 바른, 즉 가장 중요한 말씀이라 하더라도 그렇다. 복음서의 각기 다른 문맥에서 간혹 반복되는 이 과격한 절단에 관한 교훈은 하나, 어떻게 죄를 짓게 되었는지 연구하라. 둘, 장차 그런 범죄로 흘러가는 어느 흐름이든 깨달을 수 있게 만들려는 예방적 조치를 취하라. 그리고 셋, 또다시 그런 식으로 죄를 짓지 않도록 조처를 취하라는 뜻이다.

만일에 당신이 다른 쪽은 잘라내고 남아 있는 발로 범죄의 장소를 뛰어넘어야 한다면 무심코 너무 쉽게 죄를 지을 수 없는데, 이는 습관의 한 가지 특성이 무의식적이고 자동적이기 때문이다. 당신이 과거에 죄를 지은 손을 절단하게 되면 피가 흐르는 상태로 범죄 행위를 수행하는 것은 어려울 것이다. 당신은 그렇게 장차 또다시 죄 짓는 일을 어렵게 만들 수 있다.

아무것도 하지 않고 육신만 따로 내버려두면 그것은 곧 원상태로 돌아간다. 주의하지 않으면 육신이 힘을 회복하는 것을 깨닫게 된다. 우리는 이따금 스스로를 시험의 길목으로 몰아가고, 또한 예수님의 명확한 지시를 따르지 않음으로써 문제를 자초한다. 그것 역시 죄이다. 예수님이 우리에게 과격한 행위를 취하도록 명령하셨기 때문이다.

물론 예수님은 당신이 불구자가 되는 것을 바라지 않으신다. 예수님은 장차 있을 잘못을 확실히 하기 위해서 강력한 예방적 수단들을 취할 긴박함을 납득시키려고 강력한 수식어를 사용하신 것이다. 당신은 독일처럼 자신의 패배로부터 배워야 한다. 하지만 교육은 몸의 재습관화로 이어져야 한다. 몸은 하나님을 기쁘게 하는 그런 성경적 대안들에 따라서 자동적으로 무의식적으로 적절하게, 그리고 능숙하게 반응하는 것을 배운다. 옛 방법들을 벗어버리는 것으로는 충분하지 않다. 그것들은 하나님의 방식으로 대체되어야만 하는데, 그것들을 갈망하고 수행하도록 성령이 몸을 재습관화시킴으로써 입을 수 있게 하신다(엡 4장, 골 3장).

실제로 브룩스는 누군가에게 죄에 물든 습관을 중단하도록 단지 말만 하는 것의 무익함에 대해서 이렇게 조언한다.

"그렇다면 신약성경이, 기독교가, 그리스도는 정욕에 휘둘리고 배반을 일삼는 영혼에게 무엇을 말해야 하는 것일까? …나는 그리스도께서 그 사람에게 접근하는 모습을 상상할 수 있을 것 같다. … 나는 예수님이 내가 여러 번 들었던 그런 단호한 말과 지엄한 책망을 사용하는 것을 들을 수 없다. 하지만 그 불쌍한 소년의 방황에 대한 예수님의 얼굴은 어머니나 아버지의 얼굴이 언젠가 그랬던 것보다 더 슬프다.

나는 예수님이 이렇게 말씀하실 것 같다.

'내 형제여, 당신이 완전히 잘못된 것은 아니다. 아니 오히려 바탕은 잘못되지 않았다. 자기고행, 자기희생은 인생에서 가장 중요하거나 최종적인 법칙이 아니다. 이런 욕구와 열심이 당신을 희생시키지 않고, 또 그런 억제를 통해서만이 얻을 수 있는 미덕이 형편없고 무미건조하며 유약한 것이라고 생각하면 옳다. 당신이 스스로를 억제하거나 행동을 자제하지 않고, 자신을 밝히고 행동하고 처신하는 것은 당신이 이 세상에 존재하는 목적이라고 생각하는 것은 옳다.

내 형제여, 이것은 당신이 표현해야 하는 자신이 아니라 당신이 행동으로 옮겨야 할 행위가 아닐 뿐이다. 당신이 깊숙이 생각하고, 귀하게 느끼고, 자선적이며 명예를 중시하게 하고, 예배하고, 불쌍히 여기며, 사랑하게 만들었던 당신의 일부가 있다. 당신은 더 나은 자아를 억제하고 이런 더욱 천박한 욕정들을 허용하면서 스스로를 말하지 않고 있다. 더욱 고귀한 능력들을 새롭게 해서 전심으로 믿고, 그런 능력들을 가장 강력한 경험으로 보내는 것이 당신 인생에 하나의 가치 있는 목적일 수 있다.

그 결과 당신은 영적인 것을 수용하는 것만큼 육적인 것이 파괴되지 않을 것이다. 그러나 나는 당신을 자유롭게 만들 것이다. 당신은 성령 안에서 걷고, 따라서 육신의 욕망은 충족되지 않을 것이다.'"

당신이 브룩스의 말이나 그가 말하는 방식에 완전히 동의하거나 혹은 그렇지 않을 수도 있지만 이 점을 간과해서는 안 된다. 브룩스는 단순한 부정론이 존재하지 않는다고 말하고 있다. 과거의 습관을 다른 것으로 대체하지 않고서 단절하려는 시도로는 충분하지 않다. 당신은 반갑지 않은 손님의 방을 반가운 이에게 빌려주지 않은 채 비워두어서는 안 된다.

아울러 브룩스는 옛 습관을 추방하는 방법은 그것을 새로운 것으로 대체하는 것이라고 말하고 있다. 그는 과거의 죄에 물든 생활 방식을 물리치는 방법은 새롭고 더 좋은 것과 사랑에 빠지는 것이라고 말한다. 그는 육신에 대한 충성을 철회하려면 그리스도에 대한 충성심을 보다 크게 발전시켜야만 한다고 말한다. 자신이 사랑하는 이들을 위해 싸우는 군사보다 더 고귀한 군사는 없다. 브룩스는 캘머스가 '새로운 정서의 배제적 능력'이라고 부르던 것에 관해서 언급하고 있는 것이다. 따라서 당신은 패배라는 것이 바르게 다뤄지면 언제나 비극으로 끝날 필요가 없다는 것을 알고 있다.

브레드를 예로 들어보자. 브룩스의 의견 대부분이 그에게 적용

될 수 있을 것이다. 그가 죄와 패배가 무엇인지 파악하기보다는 합리화를 내세워서 잘못 싸웠다는 것을 확인하려고 적절한 노력을 기울였다면 늦게라도 자신의 실패를 성공으로, 즉 패배를 승리로 전환시킬 수 있었을 것이다. 어쩌면 자신의 아내를 그리스도와 남편에게 복종시킬 수 있는 승리로 말이다! 어쨌든 그가 패배로부터 배운다면 유리한 입장에 서게 되고, 그렇게 되면 장차 무슨 일이 벌어지더라도 실패하지 않고 견뎌낼 수 있을 것이다.

"그러므로 하나님의 전신갑주를 취하라. 이는 악한 날에 너희가 능히 대적하고 모든 일을 행한 후에 서기 위함이라. 그런즉 서서 진리로 너희 허리 띠를 띠고 의의 호심경을 붙이고"(엡 6:13-14).

당신도 패배할 수 있다. 그러나 눈을 들라. 당신의 속량이 가까이 다가왔다. 당신은 잠깐의 고난을 겪어야 할 뿐이다.

"모든 은혜의 하나님 곧 그리스도 안에서 너희를 부르사 자기의 영원한 영광에 들어가게 하신 이가 잠깐 고난을 당한 너희를 친히 온전하게 하시며 굳건하게 하시며 강하게 하시며 터를 견고하게 하시리라"(벧전 5:10).

당신은 자신을 너무도 쉽게 공격하는 죄를 극복할 수 있다. 만일 당신이 변화하는 법이나 장차 닥칠 시험을 다루는 법을 모른다면 증원군을 요청하라. 성경적인 답변을 제시할 수 있는 사람들과 당신을 지원할 수 있는 저서들이 있다. 두 가지의 이점을 활용하기 바란다.

당신은 더 이상 패배할 필요가 없다. 하나님은 당신이 변상할 수 있기를 바라신다. 하나님은 이스라엘이 패배하고 뒷걸음친 것에 놀라시면서 이렇게 말씀하셨다.

> "사람이 엎드러지면 어찌 일어나지 아니하겠으며 사람이 떠나갔으면 어찌 돌아오지 아니하겠느냐. 이 예루살렘 백성이 항상 나를 떠나 물러감은 어찌함이냐. 그들이 거짓을 고집하고 돌아오기를 거절하도다"(렘 8:4-5).

비극을 승리로 전환시키는 것은 우리 구세주께서 사용하시는 방법이다. 주님의 영은 당신에게 동일한 일을 행하실 수 있다. 그것을 믿으라! 토라진 마음을 풀고, 분노를 치워버리고, 절망, 또는 당신을 방해하는 것으로 보이는 것은 무엇이든지 떨쳐버리고 패배를 통해 배우라. 그러면 당신은 "평강의 하나님께서 속히 사탄을 너희 발 아래에서 상하게 하시리라"(롬 16:20)는 것을 알게 될 것이다.

12

세상과 육신
그리고 죄의 유혹이
우리를
넘어뜨린다

내가 네게 명령한 것이 아니냐. 강하고 담대하라.
두려워하지 말며 놀라지 말라. 네가 어디로 가든지
네 하나님 여호와가 너와 함께 하느니라. 수 1:9

─────── 죄를 짓는 것은 언제나 우리의 잘못 때문이다. 우리
가 살펴본 사실만 보더라도 분명하다. 하나님은 우리를 죄의 지배에
서 벗어나게 하셨고, 성경을 이해하고 따를 수 있도록 우리 안에 성
령을 보내셨으며, 또한 우리에게 힘을 주시겠다는 자신의 약속을 통
해 커다란 격려를 주셨다. 따라서 장애물에 관해 이야기할 때 처음부
터 내가 아주 자세히 설명하고자 하는 것은 장애물 그 자체이지 그
이상은 아니라는 사실이다. 순교자들은 언제나 그 누구도 우리가 죄
를 짓도록 할 수 없다는 사실의 절대적인 본보기로서 자리하고 있다.

나는 당신이 내적 전쟁을 치르는 과정에서 발견하게 될 대표적
인 세 가지 장애물에 관해서 언급하고자 한다. 그것들은 전진하는
데 방해가 되는 게 사실이지만, 그렇다고 해서 절대적이거나 제거

불가능하거나 혹은 뚫고 지나갈 수 없는 것들이 아니다. 이런 장애들을 극복하는 것은 치러야 할 내적 전쟁의 중요한 일부이다. 이야기를 전개하기 이전에 파악해야 할 사실은 그런 과제가 제아무리 어려울지라도 당신은 그리스도 안에서 극복하는 데 필요한 모든 것을 얻을 수 있다는 사실이다.

적이 후퇴할 경우에 종종 자기 뒤에 있는 교량들을 폭파하기도 한다. 그것은 뒤쫓는 군대의 행군을 교란하려는 시도이다. 가교 없는 강은 탱크나 기마병들에게는 심각한 장애가 되지만, 그렇다고 극복이 불가능하지는 않다. 우리는 자체 병력이 커다란 강을 건널 수 있도록, 몇 시간 만에 가교를 건설할 수 있는 특수훈련을 받은 부대를 군대들이 어떻게 보유하고 있는지 알고 있다. 내적 전쟁에서 승리를 거두는 데 장애물이 되는 것들은 세상, 육신, 그리고 사탄이 설치한 것으로 반드시 극복하지 않으면 안 된다. 그러나 그렇게 하기 위해서는 끈기, 믿음, 용기가 필요하다.

이제부터 논의되는 것은 육신이 당신의 진로에 설치하는 가장 일반적인 장애물과 관계된 것이다. 그것들을 완벽하게 논의할 필요는 없다. 당신은 여기에서 소개되는 문제들의 일부나 그 이상과 상대적으로 거의 어려움을 느끼지 않으면서도 내가 거론하지 않은 문제들과 격렬한 싸움을 치르고 있다고 생각할 수 있다. 우리 각자에게는 생소한 문제들이 있는 것도 사실이지만 어떤 문제는 우리가 공통적으로 겪는 것으로 보인다. 내가 검토하고자 하는 것은 바로 이런 공통적인 문제들이다.

일상적인 자신과의 문제

이 문제는 사도 바울이 영적인 아들 디모데에게 경고했을 정도로 일상적이다.

"병사로 복무하는 자는 자기 생활에 얽매이는 자가 하나도 없나니 이는 병사로 모집한 자를 기쁘게 하려 함이라"(딤후 2:4).

전장에 나간 사람이 적과 전투를 치르다가 자신의 일터나 집과 연결된 이동전화로 장거리 전화를 주고받는 것을 상상할 수 있을까? 그런 사람은 주님의 전쟁을 수행하면서 사업을 경영하려는 것이다! 이것은 터무니없는 생각이다. 바울의 말은 바로 이런 뜻이다. 즉 "두 주인을 섬길 수 없다"는 것이다. 당신은 전쟁에 집중해야 한다. 싸움이 벌어지면 전투에 모든 힘을 쏟아붓지 않으면 안 된다. 당신은 다른 것에 관심을 쏟으면서 정력을 소비하면 안 된다. 바꾸어 말하자면 외적 전쟁에서 승리를 거두는 것과 마찬가지로 내적 전쟁에서 승리하려면 전폭적인 헌신이 필요하다는 것이다.

앞쪽에 놓인 불쾌함으로부터 당신을 유혹하기 위해 전쟁의 진로를 따라서 시험하려고 등장하는 대피선은 언제나 있다. 신비적인 교리 문제, 사변적인 문제, 의심스러운 행동 등에 관한 접전을 실제적인 전쟁으로 간주하는 것은 그리 어렵지 않다. 판명된 것이 모두 당신의 전진을 방해하려고 고안된 적의 견제 작전일 때 말이다. 그러나 당신은 여기서 조심해야 한다. 교리에 대한 실제적인 문제들은 중요하다. 성경의 교훈에 대한 바른 이해는 온전한 신앙생활에 필수적이다. 당신은 진리를 삶에 적용시키지 않고서는 내적 전쟁에서 결코 승리를 거둘 수 없다.

그러나 "악성 종양이 퍼져나감과 같은"(딤후 2:17) "듣는 자들을"(딤후 2:14) 망하게 하고, 또 "경건하지 아니함"(딤후 2:16)으로 인도하는 일종의 '헛된 말'이 있다. 특별히 디모데후서 2장 23절과 비교해보라.

"어리석고 무식한 변론을 버리라. 이에서 다툼이 나는 줄 앎이라."

사변적인 문제에 대한 일종의 편견, 특히 하나님이 우리에게 계시하지 않기로 선택한 일의 범주에 포함되는 것들이 존재하는데, 그 자체가 다른 사람들과 다툼을 벌이는 경우가 되기도 한다. 이런 일에 연루되면 그 순간에 무엇보다 중요한 내적 전투를 치르려고 할 때 방해만 될 뿐이다.

내적 싸움에서는 패배를 거듭하면서도 겉으로는 이단과 마주칠 때마다 제압하여 전투에서 승리하는 것은 어려운 일이 아니다. 진리에 관한 어떤 긍정적인 말도 하지 않으면서 언제나 이단 사냥에 나서는 사람들은 간혹 이해되지 않을 때가 있다. 만일 당신이 하는 일에 완전히 부정적인 사람을 만났다면 그 사람은 개인적인 전투에서 거의 패배를 거듭하고 있는 중일 것이다. 부정적인 사람은 반드시 폭로되어야 하고, 또 그릇된 전투는 배격되어야 하지만 그 동기는 언제나 주님과 교회의 안녕을 위한 것이 되어야 한다.

그리고 그의 삶은 다른 사람들의 죄를 공격하기 위해서 전장에 나설 때 원기왕성하다는 사실을 항상 명심해야 한다. 그의 눈은 다른 사람의 얼룩을 제거하기에 앞서 들보로부터 자유롭게 되어야 한다. 그다음에 동기 역시 바르지 않으면 안 된다. 긍정적인 전망 – 단순히 적의 요새를 격파하는 게 아니라 하나님을 영화롭게 하고 그분의 사역을 강화하는 일 – 이 언제나 지배하지 않으면 안 된다. 일부 그리스도인이 건설을 담당한 대원보다는 파괴를 담당한 대원을 더 편하게 느끼는 것은 불행한 일이다.

개인을 얽어매는 것은 무엇이나 본질적인 내적 전투로부터 주의를 분산시키는 것이다. 요컨대 그것은 반드시 제거되어야 마땅한 장애물이다. 장애물은 주의를 분산시키고 정력을 소진시킨다. 그것들은 나름대로의 위험성을 지니고 있다. 나는 한 가지만 예로 들었지만 다른 경우도 많다. 사실 거의 어느 것이나 – 바울이 언급한 이 세상에서의 일들처럼 옳고 선한 것까지 – 전쟁을 치를 경우에는 장애물이 될 수 있다. 병사는 전시에는 또 다른 경로를 택하기 위해 일상적이거나 평화로울 때의 인생 경로를 포기해야 한다는 사실을 알고 있다. 전쟁은 새로운 목적, 새로운 절차, 그리고 새로운 우선권을 의미한다. 그것은 주님이 자신의 전쟁을 치를 때 당신에게 기대하는 헌신적인 종류의 시도이다.

그리스도인이 주님을 위한 싸움을 벌일 때 소유해야 할 동기들을 주입하기 위해서 당시의 군사모집 활동을 어떻게 활용했는지 주목하는 것은 흥미롭다. "이는 병사로 모집한 자를 기쁘게 하려 함이라." 당시 군대는 대개 유명한 장군들이 모집했는데 그들은 병사들에게 개별적인 충성을 요구했다. 가령 그들은 알렉산더 대제를 위해서 싸웠다. 그의 병사들만이 할 수 있는 방식으로 말이다. 알렉산더 대제를 크게 존경해서 그가 전투에서 승리하기를 원했기 때문이었다. 알렉산더가 나이 삼십에 더 이상 정복할 땅이 없어서 운 것도 당연했다.

주님이신 예수 그리스도께서 당신을 모집했다. 이것은 언급되지 않았지만 그럼에도 불구하고 바울의 발언에 분명하게 함축되어 있는 내용이다. 당신은 주님이 자신의 영을 통해 궁극적으로 지배할 수 있도록 내적 전쟁을 치르는 헌신적인 시도를 축소하는 어느 것도 허용하면 안 된다. 당신은 자신의 희생에 관계없이 그분을 기쁘게 하려는 단 하나의 목적 때문에 싸우지 않으면 안 된다. 주님은 전투에 참가할 때마다 그곳이 이 세상이든 아니면 교회나 당신의 마음속이든 간에 당신의 완벽한 지원을 기대하신다. 어느 다른 방식으로 싸워서 이긴 전투들은 이긴 것처럼 보일지 모르지만 실제로는 결코 이긴 것이 아니다. 한쪽 눈으로는 주님을, 다른 쪽으로는 자신의 관심을 바라보면서 수행되었기 때문이다. 이것이 바로 어떤 값을 치르더라도 반드시 피해야 하는 것이다.

낙심하여 포기함

선을 행하다가 지치는 사람들이 있다. 사도 바울은 "그래서는 안 된다!"고 말한다. 그는 이렇게 말한다. "우리가 선을 행하되 낙심하지 말지니 포기하지 아니하면 때가 이르매 거두리라"(갈 6:9). 선(여기에서 사용되는 이 말은 '악'과 상반된 '선'이 아니라 겉만 번드레한 것과 대조적인 것으로서의 선을 말한다)을 행하는 한 가지 방식은 꾸준히 전투에 참여하는 것이다. 너무도 많은 그리스도인이 처음에는 제대로 시작하다가도 결말이 좋지 않게 끝나는데, 이는 전투가 자신들에게 불리하게 돌아가는 듯한 순간에 그만두기 때문이다. 그런 사람들은 전투를 엉망으로 만들어버린다.

때가 되어 '거둔다'는 비유는 군사적인 것은 아니다. 그 자체가 진리이기는 하지만 말이다. 육신이 당신의 진로를 가로막는 장애물이나 어려움에 관계없이 상황이 격렬해지고 싸움이 지속될 때, 그곳에서 물러서지 않고서 견딘다면 때, 즉 하나님의 때가 이르면 당신은 승리할 것이다.

이와 관련해서 주님은 디모데후서 2장 3절에서 이렇게 명령하신다. "너는 그리스도 예수의 좋은 병사로 나와 함께 고난을 받으라." 바울은 이 대목에서 당신을 모병한 사람을 거론하면서 주님의 바람을 전달했다. "받으라", 즉 "고난을 받으라"는 것이다.

전쟁은 달갑지 않다. 변화가 너무 빠르다. 전쟁은 정력을 소진시키고 극단으로 몰아가기도 한다. 게다가 수용해야 할 고난도 있다.

그리스도의 좋은 군사들은 전투가 아무리 격렬해지더라도 그것을 감당할 준비가 되어 있다. 그들은 전쟁이 가져다주는 일정한 양의 고난을 감당하는 게 자신들의 일이라 생각하고, 주님을 위해 그것을 감수할 준비가 되어 있다. 그들은 주님이 자신들을 위해 감당하신 고난을 기억하고 있다.

자신의 삶에서 죄와 맞서는 것은 즐거운 일이 아니다. 소중히 여기던 습관들을 포기하는 것은 고통이다. 죄는 간단히 물러서지 않는다. 강력하게 저항할 것이다. 죄를 극복하려고 애쓰는 어떤 상담자들은 포기하고 옛 습관으로 되돌아가기도 한다. 성경적인 상담자는 늘 그것에 관해서 경고하는 게 좋다. 그 가운데 한 가지는 대개 그렇듯 상황이 격렬해져도 포기하면 안 된다는 사실이다. 그리스도 안에 존재하는 온갖 희망을 붙잡은 채 자동적으로나 기적적으로 성공에 도달할 수 있는 길은 어느 곳에도 없다는 사실을 명확히 제시해야 한다.

사람들이 전투를 치르기 위해 나름의 방법을 고안하는 것은 그들이 육신과의 지루한 전투를 지속하고 싶어 하지 않고, 그 대신에 죄를 더욱 신속하게, 그러면서도 고통을 덜 받으면서 제거하려고 하기 때문이다. 널리 알려진 것 가운데 하나는 미움, 분노, 욕망을 쫓아내려고 전문가들을 요청하는 것이다. 소위 이런 '구조' 사역은 당신이 그리스도인으로 부름받은 장기적이고 지루하고 고통스러운 전쟁의 대용물이다. 그런 사역들 때문에 어리석게 되지 말라. 마귀들에게 그런 딱지를 붙이는 형식으로 죄를 몰아내는 것이 하나님이 육신으로부터 구출하는 진정한 방식이라면 신약성경에서도 마귀들을 쫓아낼 수 있도록 당신의 목회자, 또는 다른 전문가를 찾아가라고 권면했을 것이다. 하지만 성경에는 그런 지시를 전혀 찾아볼 수 없다. 믿지 못하겠다면 당신이 직접 확인해보라.

한편 당신에게 그리스도를 위해 인내하고 견디고, 또 고난을 당하라고 요구하는 명령이 거듭 주어진다. 사실 그릇된 신앙을 고백하는 이들과 그리스도인을 구분할 수 있는 방법들 가운데 하나는 "끝까지 견디는 자는 구원을 얻으리라"(마 10:22)는 말씀이다. 그리스도 안에 거하지 않으면서 포도나무에 속하고자 고집하는 가지들은 그것과 직접적인 어느 연관도 결코 있을 수 없고, 그래서 불살라질 것이다.

"사람이 내 안에 거하지 아니하면 가지처럼 밖에 버려져 마르나니 사람들이 그것을 모아다가 불에 던져 사르느니라"(요 15:6).

진정한 그리스도인은 예수 그리스도의 좋은 군사로 고난을 견뎌낸다. 전투는 즐겁지 않다. 루터는 언젠가 이렇게 말했다. "그들은 목숨이 붙어 있는 한 상당한 고통과 피로를 치르면서 그것(육신)과 맞서 싸우지 않으면 안 된다."

그렇다면 어떻게 견딜 수 있을까? 이것에 관해서 언급한 바울의 견해를 살펴보는 것보다 더 좋은 일은 없을 것이다. 결국 일찍이 불굴의 인내를 보여준 그리스도의 좋은 군사가 있다면 그는 바로 바울이다. 여기에서는 고린도후서 6장 4~10절과 11장 23~29절에 등장하는 그가 겪은 광범위한 두 가지 고난의 목록을 인용할 여유가 없지만, 자신이 불쌍하다고 느낄 때마다 그것들을 읽기를 권한다. 그것들은 당신이 포기하라는 유혹을 받을 때마다 특히 유용하다. 여기에 우리 대부분이 언제나 겪을 수 있는 그 이상을 견뎌낸 사람이 있다. 하지만 그는 포기하지 않았다. 그의 증언을 들어보자.

"우리가 사방으로 우겨쌈을 당하여도 싸이지 아니하며 답답한 일을 당하여도 낙심하지 아니하며"(고후 4:8).

같은 장 서두에서 그는 이렇게 기록했다.

"그러므로 우리가 이 직분을 받아 긍휼하심을 입은 대로 낙심하지 아니하고"(고후 4:1).

바울은 자신을 휘감는 전투에 대한 분노에도 어떻게 끝까지 견딜 수 있었을까? 고린도후서 4장에는 두 가지 사실이 분명히 드러나 있다. 먼저 바울은 하나님이 자신을 영화롭게 하셨다는 것을 알았고, 그래서 그는 그것에 감사했다. 그는 구원을 받았고 "긍휼하심을 입은 대로" 사역을 수행하는 일에 뛰어들었다. 그는 분명히 살아계신 하나님을 사도로서 섬길 정도가 되지 못했다. 그는 살인자였고, 이제는 직접 전하고 있는 신앙을 박해했었다. 바울보다 은혜를 더

심오하게 이해한 사람은 없었는데, 그는 상당한 은혜를 직접 경험했었다. 그는 사역에 뛰어들었고, 주님이 그만 하라고 하실 때까지 그 일을 계속하려고 했다. 하나님이 명령하기 이전까지 사람들은 그를 멈출 수 없었다. 싸움을 그만두는 시기를 결정하는 것은 그의 일이 아니었다. 그것은 모두 하나님의 손에 달려 있었다. 그는 자신을 선한 군사로 부른 분의 명령이 바뀔 때까지 계속해서 그것을 따르고자 했을 뿐이다.

따라서 기억해야 하는 가장 중요한 요인은 당신이 감사함 때문에 싸우지 않으면 안 된다는 사실이다. 당신은 견딜 수 있게 만들 정도로 강력한 동기는 이것 이외에는 없다. 하나님은 당신을 구원하셨고 자신의 목적을 위해 싸우도록 당신을 부르셨다. 당신은 내적 전쟁을 승리함으로써 이 생활을 그분의 이익에 적합하게 당신 것으로 만들지 않으면 안 된다. 이것이 그분의 명령이며, 그분은 이 지시를 결코 철회한 적이 없다.

따라서 당신이 그것을 느끼고 있건 아니건 간에 포기해서는 안 된다. 바울이 루스드라의 돌무더기 속에서 죽게 되었을 때 포기하고 싶었을 것이다. 그러나 그는 그러지 않았다. 하나님은 명령을 철회하지 않았다. 당신 역시 포기하고 싶은 마음이 들겠지만 그럴 수 없다. 실제로 당신에게 보여준 하나님의 긍휼과 은혜에 초점을 맞출 때 당신은 그만두고 싶지 않을 것이다.

바울은 바른 동기를 갖고 싸웠기 때문에 포기하지 않았다. 그러나 바울이 포기하지 않은 두 번째 이유가 있다.

"그러므로 우리가 낙심하지 아니하노니 우리의 겉사람은 낡아지나 우리의 속사람은 날로 새로워지도다"(고후 4:16).

바울은 신체적으로는 말 그대로 약화되고 있었지만 안에서, 즉 내적 전쟁을 치르는 데 절대적으로 필요한 자원들이 있는 곳에서 그는 날로 새롭게 되고 있었다. 군대에는 보급선보다 더 중요한 게 몇 가지 있다. 보급이 두절되면 병사들이 포기하는 것은 시간문제다. 그러나 이것이 주님의 부대에서 발생하면 두려워할 이유가 없다. 총사령관은 당신이 필요한 모든 자원을 올바른 방식으로 구하기만 하면 쉽게 활용할 수 있다는 것을 알고 계셨다. 그분은 곤경에 처한 당신을 결코 모른 체하지 않으신다.

이런 사실만으로도 더할 수 없이 고통스러운 전투에서 싸움을 계속할 수 있는 커다란 격려가 된다. 당신은 필요한 순간에 필요한 온갖 자원을 통해 증강될 것이다. 간혹 우리는 온갖 자원이 확보될 때까지 이동하기를 거부하기도 한다. 하나님은 어느 곳에서도 그것을 약속하지 않으신다. 필요한 순간에 당신은 그것들을 얻겠지만 이전까지는 불가능하다. 이것이 바로 신앙의 전부이다.

하나님은 전투를 성공적으로 치르는 데 필요한 모든 것을 당신이 필요한 순간에 주겠다고 약속하셨다. 그 이상 바랄 것이 무엇이 더 있을 수 있겠는가? 그러나 하나님의 약속대로 움직이기 위해서는 신앙이 필요하다. 전쟁이 발발하면 탄약, 식량 등의 물자보다는 오히려 날마다의 내적 물품에 의존하는 것이 신앙의 문제이다.

당신이 하루에 한 번 공급받는 것을 제외하고 달리 활용할 자원이 없음을 안다면, 전에 당신을 자주 무릎 꿇게 만들었던 원수인 육신과의 전투를 벌이는 것은 쉬운 일이 아니다. 그러나 그리스도인은 그런 전쟁을 위해서 부름받았다. 절대 포기하지 말라!

비겁함에 압도됨

주님이 우리를 위해서 전투를 준비하시고, 우리가 필요한 것을 모두 제공하시며, 또한 우리와 함께 육신과 싸움을 벌이는데, 우리는 어째서 싸우지 않을까? 무관심? 그렇다. 그것은 한 가지 이유이다. 그리고 그것을 해결하는 방법은 우리가 살펴본 대로 감사함을 새롭게 하는 것이다. 신앙이 결여되었기 때문일까? 그렇다. 그것 역시 또 다른 이유이다. 그 문제에 대한 해답은 날마다 양식을 공급하겠다는 하나님의 약속을 이해하고 의지하는 것이다. 그렇다면 어째서 싸우지 않을까? 많은 그리스도인의 지평 위에 어렴풋이 떠오르는 한 가지 장애물은 두려움이다. 적에 대한 두려움, 새롭고 알지 못하는 것에 대한 두려움, 새로운 생활방식으로 살기 시작하면 다른 사람들이 입에 올리고 행동할 것에 대한 두려움 말이다.

필요한 것은 용기와 담대함이다. 교회가 존재하는 이 겁쟁이의 시대에 라디오, 책, 그리고 강단에서 그리스도인들에게 비위를 맞추도록 권하는 말에 귀를 기울이는 것은 비극이다. 사람들은 다른 사람들의 자부심에 손상을 입히지 말고 온갖 종류의 의견들을 수용하고, 존중하며, 어떤 관점이든지 그릇되었다고 결코 정죄하지 말고, 모든 견해를 인내하라는 충고를 듣고 있다.

그들은 오직 죄를 정죄할 뿐 죄인을 정죄할 수는 없다. 상담자들은 상담의 성경적 의미가 지시라 하더라도 결코 직접적으로 상담을 해서는 안 되고, 비록 그들이 하나님에 대해서 모반을 꾀하더라도 피상담자의 의견을 이해하고 존중하면서 언제든지 민감한 자아가 손상을 입지 않도록 조심해야 한다.

사람들은 이와 같은 비성경적인 몰상식을 수용하고 뒤따름으로써 비겁자가 된다. 결국 그들은 자신의 그림자까지도 두려워하게 되고, 육신과의 싸움에서 패하고 만다! 성공적으로 싸우려면 병사는 반드시 용기를 가져야 한다. 자신도 모르게 조심하게 되고 생명을 보존하려는 자연적인 두려움이 있는 것도 사실이지만, 사람의 두려움, 자아의 두려움, 그리고 내적 전쟁에 대한 두려움은 결국 단 하나로 압축되는데, 바로 주님에 대한 두려움의 결여이다! 루터는 이렇게 말했다. "영적 능력은 신체적 능력이 아니라 진정한 용기, 즉 담대한 마음이다."

주님을 위해 싸우러 나가는 여호수아에게 하나님은 이렇게 말씀하셨다. "강하고 담대하라"(수 1:6). 다음 구절에서도 하나님은 역시 그 말씀을 반복하셨다. "오직 강하고 극히 담대하여"(수 1:7). 하나님은 7절의 나머지 부분과 계속해서 여호수아가 성경에서 자신의 전투 지시를 발견하곤 했던 구절, 즉 "우로나 좌로나 치우치지 말

고"(7절), "기록된 대로 다 지켜 행하라"(8절)고 여호수아에게 말씀
하신 뒤에 이렇게 말씀하셨다.

> "내가 네게 명령한 것이 아니냐. 강하고 담대하라. 두려워하지 말
> 며 놀라지 말라. 네가 어디로 가든지 네 하나님 여호와가 너와
> 함께 하느니라"(수 1:9).

주님은 자신의 전투를 치르는 이들이 담대하기를 바라신다는 것
에는 의문의 여지가 없다. 여호수아에게 그것이 필요했다면 당신 역
시 필요할 것이다. 사도행전 4장 29절에 등장하는 "주여 이제도 그
들의 위협함을 굽어보시옵고 또 종들로 하여금 담대히 하나님의 말
씀을 전하게 하여 주시오며"라는 설교자의 기도는 담대함을 구하는
기도이다. 이 말은 '결과에 대한 힘겨운 두려움 없이 말할 수 있는
자유'를 뜻한다. 당신이 두려워하고 믿음을 갖지 못한다면 이것은
당신의 삶 속에서 이루어지는 죄 정복의 증대에 주요 장애물이 될
수 있다.

비성경적인 자기중심적 태도를 격려함으로써 초래된 요즘 교회
의 무수한 구성원의 무기력한 상태 때문에 용기보다는 비겁함이 압
도적이다. 우리는 자신까지도 두려워한다. 우리가 내부의 죄를 공격
할 경우에 자신의 정신에 손상을 입거나 아니면 적어도 공격에 실패
함으로써 우리의 허약한 가치 의식이 해를 입을까봐 두려워한다.

사실 위험은 반대쪽에 자리 잡고 있다. 비겁함은 지옥의 위험으

로 몰아간다. 살인자, 성적으로 부도덕한 사람, 거짓말하는 사람, 우상 숭배자 등과 함께 비겁한 사람은 불의 연못에 던져질 것이다.

"그러나 두려워하는 자들과 믿지 아니하는 자들과 흉악한 자들과 살인자들과 음행하는 자들과 점술가들과 우상 숭배자들과 거짓 말하는 모든 자들은 불과 유황으로 타는 못에 던져지리니 이것 이 둘째 사망이라"(계 21:8).

아울러 비겁한 사람이 이 목록 맨 앞에 있다는 사실을 명심해야 한다. 해결책은 무엇인가? 다시 말해두지만 담대함은 하나님의 약속을 신뢰함에서 나온다. 하나님은 여호수아에게 두 가지 일을 약속 하셨다. 첫째, 나는 네가 어느 곳에 가든지 네가 싸울 때 너와 함께 하겠다. 둘째, 나는 네게 전쟁에서 승리할 수 있는 분명한 성경의 명 령과 지시를 내렸다. 이것들을 철저히 따르고 임시변통으로 사용하 지 않으면 너는 좋은 결과를 얻을 것이다.

오늘날에도 그것은 사실이다. 요엘의 말을 들어보자.

"너희는 모든 민족에게 이렇게 널리 선포할지어다. …약한 자도 이르기를 나는 강하다 할지어다"(욜 3:9-10).

내적 전쟁을 수행하는 데는 여러 가지 다른 장애물이 많지만, 이 런 세 가지 장애물은 오늘날 어느 곳에나 존재하는 문제이다. 그것들은 당신만이 겪을 수 있는 다른 것들과 함께 극복할 수 있다. 그것이 두려울 수도 있겠지만 어느 것도 주님께 장애가 될 수는 없다. 우리 주님은 산을 움직이는 하나님이시다. 하나님이 당신 편에서 싸우시고, 성령이 육신과 맞서신다. 당신이 기도하듯이 하나님의 말씀을 뒤따를 때, 하나님이 제공하는 용기와 능력을 스스로 이용할 때 당신은 어떤 장애물이라도 능히 극복할 수 있다. 따라서 당신이 계속해서 죄를 짓고 있다면 자신의 길에 자리 잡고 있는 장애물을 불평하지 말고 스스로를 탓하라!

13

Maintaining a Military Mentality

성령으로
갑옷을 삼고
날마다
재무장하라

그리스도께서 이미 육체의 고난을 받으셨으니 너희도 같은
마음으로 갑옷을 삼으라. 이는 육체의 고난을 받은 자는 죄를
그쳤음이니 그 후로는 다시 사람의 정욕을 따르지 않고 하나님의
뜻을 따라 육체의 남은 때를 살게 하려 함이라. 벧전 4:1-2

──────── 이 책을 읽는 동안 당신 마음속에 군인정신이 일어
날지 모르겠다. 하나님이 전투를 치르도록 부르셨다는 생각 때문에
마음이 움직여서 그분의 목적을 위해 용감하게 싸워 적을 무찌르고
성령의 전에서 쫓아내겠노라고 결심했을지 모른다. 전투는 한동안
잘 진행될 수 있지만 어쩌면 조만간 군대가 당신의 결단과 열심에
손상을 가하는 것으로 보일 수도 있다. 이 장에서 나는 당신이 예수
그리스도의 빈틈없이 잘 준비된 군사로 남아 있을 수 있도록 하나님
이 당신을 위해서 마련하신 방법을 제대로 소개하려고 한다.

베드로전서에는 두 개의 단락이 그것을 전하고 있다.

"그러므로 너희 마음의 허리를 동이고 근신하여 예수 그리스도께

서 나타나실 때에 너희에게 가져다주실 은혜를 온전히 바랄지어
다"(벧전 1:13).

"그리스도께서 이미 육체의 고난을 받으셨으니 너희도 같은 마음
으로 갑옷을 삼으라. 이는 육체의 고난을 받은 자는 죄를 그쳤음
이니 그 후로는 다시 사람의 정욕을 따르지 않고 하나님의 뜻을
따라 육체의 남은 때를 살게 하려 함이라"(벧전 4:1-2).

이 두 말씀은 모두 생각하는 생활에 초점을 맞추고 있다. 그리스
도인이라 하면 어느 순간에도 이동할 준비가 되어 있어야 한다. 칼
빈이 자신의 설교에서 기회가 있을 때마다 말한 것처럼 성도는 언제
든지 출발할 수 있도록 한 발을 들고 있어야 한다. 일순간에 정상을
넘어설 수 있도록 모든 것을 포기할 준비가 된 그리스도인은 군인정
신을 계발해야 하는데, 그렇지 않으면 그리스도인이 아닐 것이다.

베드로는 두 가지 사실을 제기했다. 첫째, 그리스도인 병사는 자
신이 처한 곳에서 행동을 취할 정신적인 준비가 되어 있어야 한다.
전투가 끝나고 승리를 거둘 순간을 지향하기 때문이다. 둘째, 그리
스도께서 육신으로 오셨고, 죄를 물리치셨으며, 또한 죄의 지배로부
터 풀려나셨기 때문에 그리스도인은 자신의 여생 동안 내적인 죄의
욕심보다는 예수 그리스도를 따라서 살려고 힘쓸 때 이런 사실들로
스스로 무장하지 않으면 안 된다. 근거는 무엇일까? 그리스도께서
이것을 가능하게 하셨기 때문이다.

그리스도께서 자신의 군대가 어느 때나 유지하기를 기대하시는

군인정신에 기본이 되는 두 가지 사실은 이렇다. 첫째, 승리는 확실하며 따라서 즉시 전투에 참가할 수 있는 준비와 열망이 있되, 전투를 빨리 치르고 승리를 거둘수록 그만큼 더 빨리 부대가 집(하늘나라)으로 돌아갈 수 있음을 알고 있어야 한다. 둘째, 그들은 자신들이 치르는 전투를 승리할 수 있다는 것뿐만 아니라 예수 그리스도로 말미암아 넉넉히 이길 수 있다는 사실을 언제나 명심해야 한다(롬 8:37).

불필요한 것들이 제거되고 서로 혼합되어 있는 이런 생각들이 승리 정신을 형성한다. 정신이 해이한 군대는 전투에서도 힘을 발휘할 수 없다. 그들은 전투를 바라지 않는다. 집에 가고 싶어 하기 때문이다. 그들이 전투를 할 엄두를 내지 못할 때 기회가 주어져도 적에게 아주 기꺼이 투항하고자 한다. 그들의 정신은 전투 이외의 다른 것에 집중하고 있기 때문이다.

그들은 전장에 나서기를 주저한다. 그들은 전쟁이 벌어지지 않기를 꿈꾸기도 한다. 결국 그들이 기대하는 것은 전쟁의 연기이다. 어떻게 해야 털끝 하나 다치지 않고 눈앞에 닥친 곤경에서 벗어날 수 있을까? 이것이 그들의 주관심사이다. 그들은 희망이 없다는 것을 알고 있고, 그렇지 않은 경우에도 최소한 자신들이 알고 있다고 생각한다. 그들은 포기하고 말았다.

전쟁에서 승리하는 부대는 임박한 승리의 밝은 측면을 바라본다. 그들 역시 전쟁의 종결을 기대하지만 이유는 판이하게 다르다. 그들은 승리의 전리품을 기대한다. 그러므로 그들은 어느 순간에나 긴장하고 준비하며 또 전투에 대비한다. 그들은 전투가 영광스럽게 종결되기를 갈망한다. 예수님은 자신이 크신 하나님이요, 구주로 계시하셨을 때 자신의 백성에게 은혜를 부어주겠다고 약속하셨다.

주님은 이 장의 서두에서 인용한 베드로의 교훈을 통해 무엇보다 자신의 군대에 사기를 불어넣으려고 하신다. 사기가 높은 전투부대는 전쟁을 의식하고 전투준비가 되어 있다. 이외의 관심들은 자주 바뀌지만 전투를 치러야 할 전쟁이 존재하고, 또 종전으로 이끌 대규모 전쟁에서 막 승리를 거두려는 참이라는 생각이 늘 겉모습 바로 밑에 자리 잡고 있다. 그런 군대는 정신적으로 전투준비가 되어 있다. 반면 사기가 저하된 군대는 정신적으로 어떻게 해서든지 전쟁을 잊으려 하고, 어떤 값을 치르고서라도 그것에서 벗어나고자 한다. 심지어 그들은 정신적으로 전쟁의 존재를 부정하려고 할 수도 있다. 그런 정신 상태는 패배를 초래한다.

당신은 어떤 정신 상태를 유지하고 있는가? 주님이 자신을 위해 싸우도록 부르셨다는 사실을 항상 의식하고 있는가? 적의 공격을 감시하고 있는가? 적을 한 번 더 물리쳐서 전쟁의 종결에 더 가까이 갈 수 있는가? 달리 말해서 당신의 사기는 어떠한가?

당신은 말할 것이다. "글쎄요. 나는 이 책을 읽기 전까지는 군대에 속해 있다는 사실을 거의 알지 못했습니다. 그리고 전투의 경우는… 나의 바람과 달랐다는 게 분명합니다. 내 정신 상태가 비교적 느슨해진 것 같습니다."

그렇다면 정신 상태를 단단히 조이고 다음 전투에 대비하라! 기억할 것은 이제 승리가 가능하다는 것이다. 그리스도께서 당신을 위해 고난받고 죽으셨기 때문이다. 그리스도는 죗값을 치르는 자신의 희생을 통해 죄의 대가와 지배로부터 당신을 해방시키셨다. 따라서 당신이 패배할 이유는 전혀 없으며, 이유가 있다면 당신이 승리하는 것에 대한 것뿐이다. 용기를 내라!

이스라엘의 정탐꾼들을 기억하는가? 하나님은 그들 대부분을 기뻐하지 않으셨다. 그들은 적을 거인으로, 그리고 자신들은 메뚜기와 비교했기 때문이다. 그들은 낙심했고, 그들의 보고는 민족 전체를 실망으로 몰아넣었다. 여호수아와 갈렙만이 전쟁이 여호와께 속했고, 우주의 창조자는 분명히 이런 보잘것없는 거인들을 물리칠 수 있다는 사실을 알았다(민 13장). 그러나 다수의 보고는 젖과 꿀이 흐르는 땅으로 소개된 광경에도 불구하고 압도적이었다.

당신 때문에 교회, 가정, 그리고 자녀의 사기가 저하될 수도 있다. 죄 때문에 패배하고 후손들 사이에 벌어지는 전쟁의 실체를 거의 부정하는 부모들은 자녀들에게 용기나 성경에서 말하는 담대함을 거의 고취시키지 못한다. 꽤 많은 기독교학교 출신의 자녀들이 허약하고 응석받이며, 또한 육신과의 싸움을 할 수 없거나 기꺼워하지 않는다. 패배한 교사와 부모들이 삶과 말로 군대의 사기를 꺾었다.

한편 승리를 자랑하지 않으면서 영원히 적을 압도하는 진보가 주는 즐거움을 풍기고 있는가? 당신이 속한 회중은 당신이 한 번 더 적을 패주시키고 난 뒤에 피를 흘리고는 있지만 패배하지 않고 전투에서 돌아오는 모습을 보면 용기를 얻는가? 더 중요한 질문을 하자면 하나님은 어떻게 생각하실까?

나는 이 장을 늘리고 싶지 않다. 중요성에 비하면 얼마 되지 않는 양이 어울리지 않는다. 하지만 사도 베드로가 지적한 대로 "고난 받으신 그리스도와 같은 마음으로 갑옷을" 삼지 않은 사람은 결코 무장하지 않은 것이라는 점을 강조하고자 한다(벧전 4:1 참조). 즉 그리스도는 적을 물리치셨고, 자신의 병사들 역시 그렇게 하는 것이 가능하게 만드셨다.

당신이 매일의 전투를 넘어서서 궁극적인 승리를 목격하지 못하는 한 당신이 전쟁을 성공적으로 치르는 데 필수적인 정신 상태는 결여될 것이다. 그러니 군인정신을 유지하라! 준비와 훌륭한 사기로 허리띠를 동이라! 그리스도의 죽음과 말씀이 당신을 준비시키고 높은 사기를 불러일으키지 않는다면 어찌 되겠는가?

Deserters

14

탈영병들은
우리를
주님으로부터
멀어지게 만든다

그들이 우리에게서 나갔으나 우리에게 속하지 아니하였나니 만일
우리에게 속하였더라면 우리와 함께 거하였으려니와 그들이 나간 것은
다 우리에게 속하지 아니함을 나타내려 함이니라. 요일 2:19

──────── 최근 한 여성이 얼마나 많은 젊은이가 똑똑한 젊은
지도자의 배교 때문에 그릇된 영향을 받았는지 들려주었다. 그들은
지도자를 존경했고, 그래서 그가 신앙을 버리자 너무나 충격을 받아
서 자신들이 지닌 신앙과 그 신앙의 대상이었던 구세주의 실체를 의
심하기 시작했다. 그녀의 말은 수년 전 대학원 과정을 밟기 위해 진
보적인 신학대학원에 입학한 후에 신앙을 버린 척 템플턴을 연상시
켰다. 그는 전도사역에 등을 돌리고, 이어서 신앙을 버리더니 캐나
다 텔레비전의 아나운서가 되었다. 어떻게 그런 일이 일어날까? 도
대체 어떤 사연일까? 특별한 이유는 하나도 없었다. 전쟁이 벌어질
때마다 수많은 탈영병이 있었다.
　몇 달 전 나와 아내는 국립문서보관소에 가서 연맹군에서 복무

한 일부 군인들의 명단을 확인하는 작업을 했다. 우리는 기록에 남은 탈영병들의 숫자 때문에 깜짝 놀랐다. 예루살렘의 함락을 기록한 유대-로마 전쟁의 유명한 역사가인 요세푸스는 로마에 투항한 사람이었다. 따라서 그는 그 전쟁에 관해 양쪽의 시각에서 집필할 수 있었다.

베스트셀러 작가 조 브라운은 자신의 저서 「여러분의 자녀와 나의 자녀」에서 영어를 구사하는 독일인에게 포로로 붙잡힌 어느 미국인에 관한 재미있는 일화를 들려주었다. 독일인은 말할 수 없을 정도로 오래된 대용 식량을 깨물고 있었다. 미국인은 그날 점심에 무엇을 먹었는지 설명하기 시작했다. 그는 심지어 저녁에 스테이크가 나올 것이라고까지 주장했다.

결국 독일인은 상당히 훌륭한 식사를 위해 미국인과 자리를 바꾸었는데, 미국인은 그를 포로로 받아들여서 식사하도록 데려갔다. 미국인은 상관에게 그 일화를 보고하다가 스테이크 부분에 이르러서는 스팸을 스테이크로 뒤바꾸는 식으로 아주 약간 과장을 했다는 것을 인정했다. 그러자 상관은 이렇게 말했다.

"자네는 오늘밤 식사 메뉴가 무엇인지 아는가?"

"모르겠습니다." 병사가 대답했다.

정답은 "스테이크"였다. 당신이 알 수 있는 것처럼 병사들은 온갖 이유를 들어서 탈영한다.

하나님을 떠나는 사람들

사람들이 주님의 군대를 떠나면 무슨 일이 일어날까? 우리가 틀림없는 그리스도인이라고 생각하는 사람이 적에게 넘어갔다고 해서 바탕부터 흔들려야 할까? 진정한 그리스도인이 배반할 수 있을까?

먼저 신뢰받던 지도자나 막역한 친구가 기독교 신앙을 저버릴 경우에 나머지 그리스도인이 주님에 대한 자신의 헌신을 의심할 이유는 전혀 없다. 우리를 결코 떠나지 않고, 우리를 저버리지 않겠다고 약속하신 분은 주 예수 그리스도이시다. 물론 그분은 그 약속을 지키셨다. 우리가 믿는 분이 그분이고, 또한 그분은 우리를 실망시키지 않으셨다. 만약 당신이 주님 이외의 누군가를 신뢰한다면 당신은 자신이 믿었던 그 사람이 무릎을 꿇을 경우 당연히 의심하게 될 것이다.

그러나 주님은 결코 그러는 법이 없으시다. 어느 지도자나 친구의 탈영 때문에 극심하게 흔들리는 사람은 자신의 신앙이 적어도 부분적으로는 그릇된 것이었음을 증명하는 것이다. 그들은 근본을 뒤흔드는 탈영 때문에 신앙의 대상을 점검하고, 그럼으로써 미래를 위해 예수 그리스도를 적절하게 신뢰할 수 있는 기회를 얻게 된다.

하지만 주님을 떠나서 결코 회개하지 않는 이들은 무엇보다 주님과 함께할 수 없다.

"그들이 우리에게서 나갔으나 우리에게 속하지 아니하였나니 만일 우리에게 속하였더라면 우리와 함께 거하였으려니와 그들이 나간 것은 다 우리에게 속하지 아니함을 나타내려 함이니라"(요일 2:19).

상황이 악화될 경우에 전쟁은 진짜와 가짜를 구별하게 만든다. 이것은 박해받는 교회가 어려움을 겪지 않는 교회보다 거의 언제나 보다 더 순수한 이유이다. 오늘날 미국에는 그리스도인으로 생활하는 게 비교적 용이하기 때문에 일부 지방에서는 그리스도인이 되는 게 상투적인 경우도 있다. 이것은 교회의 경우에 위험한 상황이다. 알곡처럼 보이는 너무 많은 가라지가 교회 한복판에서 자라고 있다. 만일 박해가 일어나면 상당수의 가라지는 스스로 교회를 떠날 것이다.

그렇지만 요한이 배교자들에 관해 말하고 있는 두 가지 사실에 대해 주목할 필요가 있다. 첫째, 그들이 떠난 이유는 무엇보다 그들이 실제로는 우리에게 속하지 않았기 때문이다. 즉 그들은 결코 진정한 그리스도인이 아니었다. 히브리서에 그리스도인들과 긴밀하게 관련된 온갖 축복을 누리다가 결국에는 타락한 이들로 언급된 사람들처럼 요한이 기록한대로 결국에 그와 교회를 떠난 자칭 그리스도인들 역시 결코 진정한 그리스도인이 아니었다.

"한 번 빛을 받고 하늘의 은사를 맛보고 성령에 참여한 바 되고 하나님의 선한 말씀과 내세의 능력을 맛보고도 타락한 자들은 다시 새롭게 하여 회개하게 할 수 없나니 이는 그들이 하나님의 아들을 다시 십자가에 못 박아 드러내 놓고 욕되게 함이라. 땅이 그 위에 자주 내리는 비를 흡수하여 밭 가는 자들이 쓰기에 합당한 채소를 내면 하나님께 복을 받고 만일 가시와 엉겅퀴를 내면 버림을 당하고 저주함에 가까워 그 마지막은 불사름이 되리라"(히 6:4-8).

그들은 몇 가지 이유, 즉 가족의 다그침, 경제적인 욕심, 그리스도인의 생활방식에 대한 단순한 이끌림, 괜찮은 배우자 등 때문에 그리스도인이 되겠다고 고백했다. 당시 그들은 믿음을 지니고 있는 것이라고 자신까지도 기만했다. 그러나 박해가 일어나거나, 또는 원하는 것을 얻을 수 없다고 생각되면 떠나버린다.

요한이 그들이 떠났다고 말하는 두 번째 이유는 이렇다. 하나님은 자신의 섭리에 따라서 교회를 상대로 그 안에는 거짓 구성원들이 있는데, 특히 그들 가운데 일부가 그렇다는 점을 계시하고자 하셨다. 따라서 일부가 교회를 떠날 때는 하나님이 태평하게 신앙을 대하는 것으로부터 우리를 지켜주신다는 사실을 놀라워하기보다는 오히려 자신들의 발에서 먼지를 털어낸다. 하나님은 세상과 육신에 대한 영향을 약화시켜서 그릇된 방향으로 돌아서게 만들 수 있는, 우리와 함께 친교를 나누는 가짜 구성원들의 순수함을 점검하도록 우리에게 요구하시면서 그들에게서 경계의 눈을 떼지 않도록 경고하신다. 요컨대 하나님의 섭리 속에서 예수 그리스도와 등을 돌리고 그분의 교회를 배반하는 사람들을 식별할 수 있는 것은 축복을 의미하는 것이다.

바울이 교회 안에서의 분쟁에 대해 유감을 표하면서 다음과 같은 말로 서신을 기록했는데, 고린도전서 11장 18~19절에서 이렇게 설명하는 것도 같은 맥락이다.

> "먼저 너희가 교회에 모일 때에 너희 중에 분쟁이 있다 함을 듣고 어느 정도 믿거니와 너희 중에 파당이 있어야 너희 중에 옳다 인정함을 받은 자들이 나타나게 되리라."

아울러 다른 사람들이 떠날 때 자리를 지키면서 진리와 진리이신 분을 계속해서 고수하는 이들은 자신의 신앙이 순수하다는 것을 입증하는 것이다. 결국에 가서는 스스로 배교자임을 드러내는 참호 종교도 있지만 변절하는 데는 또 다른 이유가 있다.

탈영병들은 내적 전쟁을 연기한다

당신은 "그게 무슨 뜻입니까?"라고 물을 것이다. "그럼에도 불구하고 당신은 이 책의 서두에서 불신자들은 죄의 노예들이고, 성령이 없으며, 또한 설사 자신들이 바란다 할지라도 육신과 싸우는 것이 불가능하고, 그들은 그럴 수 없기 때문에 이런 내적 전쟁을 치르지 않는다고 말했습니다. 그렇다면 어떻게 내적 전쟁이 그들을 그리스도로부터 몰아낼 수 있습니까?"

괜찮은 질문이다. 그것에 대해서 설명하면 이렇다. 불신자들이 진정한 신자들의 지체에 들어올 때 불신자들은 충성을 맹세한 존재와 전시 상태에 있는 군대에 들어온 것이다. 그러므로 그들이 목격하고 듣는 것은 모두 상태가 좋지 않다. 이런 사람들은 기도하면서 지니고 있는 성경을 읽고, 무엇보다도 자신들의 생활방식에 관심을 갖게 된다. 불신자는 내부의 적을 물리칠 필요성을 강조하는 설교에 귀 기울이는 것과 그리스도인이 전투를 성공적으로 치를 수 있는 능력과 지혜를 구하는 기도 모임에 참석하는 것에 대해 얼마 지나지 않아서 짜증을 내기 시작한다. 그는 이 모임을 자신과 무관하게 간주한다. 그는 그런 문제들을 놓고서 싸울 필요가 없다고 생각한다. 무슨 일이든지 생소하고 점차 거북해진다. 그러므로 일부 불신자는 그곳에서 희망을 발견하지 못하고 곁길로 빠지게 된다.

불신자에게는 자신의 죄를 슬퍼하는 이런 그리스도인보다 더 역겨운 것은 아무것도 없을 것이다.

"눈 뜨고 못 보겠어. 사람들이 모두 저러지는 않을 테지. 그리고 설사 그렇다 하더라도 그들처럼 잘못을 고민하는 것은 분명히 도움이 안 돼."

이게 바로 그리스도인이 일을 진행하는 과정에서 불신자가 떠올리기 시작할 수 있는 방법이다. 그리고 자신의 각성에 대한 신랄하고 원망이 담긴 말은 죄에 관한 비성경적인 관심이나 언짢게 만드는 그리스도인들의 태도에 관한 자기중심적인 반성에서 비롯된 우울한 주관성을 전혀 묘사하지 못할 것이다.

문제는 그에게 있는 것이지 그리스도인에게 있는 것이 아니다. 물론 그리스도인도 가끔씩 주관성, 자기중심성 등의 함정에 빠지기도 한다. 그러나 그들은 자신의 한가운데 있는 중생하지 못한 사람들을 전혀 피할 필요가 없다. 그는 그리스도인들이 내적 전쟁에 관해 말하는 것을 듣게 되면 물 밖으로 나온 물고기처럼 불편해한다.

"나는 지금껏 이 교회에 5주 동안이나 출석했는데 고작 들은 것이라고는 죄, 죄, 죄뿐이었습니다. 당신들은 주변의 정치적인 상황보다 소위 이 '죄'라는 것에 더 관심을 보였습니다. 이해할 수가 없군요. 정말로 죄를 비난하고 싶다면 어째서 국회부터 다루지 않는 것입니까? 그들은 우리의 돈을 훔쳐가고 부정한 이득을 계속해서 챙기는 식으로 무수한 죄를 범하고 있어요. 어째서 매주 여기에 앉아서 스스로에게 채찍을 휘두르는지 알 수가 없군요."

그리스도인들에게 둘러싸인 불신자 밥은 그렇게 말했다. 그는 아직도 합류하지 않았고, 때가 되면 교회와 주일학교를 떠날 것이다. 그는 자신의 말처럼 '죄를 제거하는 법을 가르쳐주는 피 묻은 복음'과 전혀 무관하기 때문이다. "고작 들은 것이라고는 죄, 죄, 죄뿐이었습니다"라는 게 그의 작별인사였다.

따라서 내적 전쟁은 불신자에게는 알려지지 않은 경험이자 난처해하는 바로 그 대목이다. 교회에서 그를 둘러싼 이들의 행위와 관심 가운데 이 부분에서 차이가 드러난다. 불신자는 이런 사람들이 자신이 속한 이들과 부류가 다르고, 이것들이 그의 관심사가 아니며, 또한 이것들이 자신이 속한 종교와 종류가 다르다는 것을 인정한다. 물론 많은 불신자가 가라지처럼 끝까지 성장하기도 한다. 하지만 적지 않은 불신자가 그보다 훨씬 전에 스스로 교회를 떠난다는 것 역시 사실이다. 그들은 단순히 그리스도인을 이해하는 데 어려운 시간을 보내다가(고전 2:9-16) 이내 자신들이 그리스도인들과 교제를 즐기지 못한다는 사실을 발견하게 된다.

그렇다면 탈영병에 대해서는 무슨 말을 할 수 있을까? 그들은 언제나 우리와 함께할 것이다. 이 장에서 이미 설명한 이유들 때문이다. 당신은 그들을 그리스도에게로 이끌려고 노력해야 하겠지만 그리스도를 부정한 그들이 적에게로 넘어가는 사실 때문에 당황하면 안 된다. 결국 그들은 단지 자신들이 속한 진영으로 되돌아간 것에 지나지 않는다. 내적 전쟁을 잘못 이해하고 주님을 위해 전투에서 승리하려는 진지한 시도들을 헐뜯으리라는 것을 예상해야 한다. 중생하지 못한 사람들 역시 주님을 잘못 이해하고 잘못 말하지 않았는가?

우리의 책임은 탈영병들에게서 시선을 돌려서 주님께 초점을 맞추는 것이다. 그들 때문에 문제에 휩쓸리지 말라. 당신이 다른 사람의 마음을 들여다볼 수는 결코 없다. 외적으로는 한동안 순수해보일 수도 있겠지만 시간이 말해줄 것이다. 이것이 바로 우리가 살펴본 성경 구절에 담겨 있는 메시지이다. 당신은 한 가지를 확신하게 될

것이다. 즉 진정한 성도가 마지막에 가서 주님을 배반하는 일은 없
다는 사실이다. 그는 예수 그리스도 자신으로부터 보호를 받고, 따
라서 아버지께서 그분에게 주신 이들 가운데 잃어버리게 될 부류에
속하지 않을 것이다(요 17장).

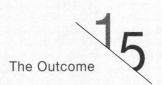

15

The Outcome

불 같은
잠깐의 고난이 지나면
영원한 영광이
찾아온다

모든 은혜의 하나님 곧 그리스도 안에서
너희를 부르사 자기의 영원한 영광에 들어가게 하신 이가
잠깐 고난을 당한 너희를 친히 온전하게 하시며 굳건하게 하시며
강하게 하시며 터를 견고하게 하시리라. 벧전 5:10

죽음

우리는 죽을 수 있다. 물론 신체적으로 말이다. 아담의 죄 때문에 모든 사람이 죽음을 맞이한다. 그리고 "욕심이 잉태한즉 죄를 낳고 죄가 장성한즉 사망을" 낳게 된다(약 1:15, 롬 5:12 참조). 야고보는 정복되지 않은 육신적 바람의 궁극적인 결과는 죽음이라고 그리스도인들에게 경고한다.

만일 당신이 육신과의 상당한 전투, 또는 심지어 어느 결정적인 전투에서 패배한다면 그것은 죽음을 뜻할 수 있다. 육신은 당신을 죽일 수 있다. 술 취함과의 전투에서 패배하고서 간 중독으로 죽은 수많은 성도를 떠올려보라. 바울은 에베소 교인들에게 술 취하지 말라고 말한다. 그에 따르면 술 취함은 '방탕함'으로 이어지기 때문이다(엡 5:18).

잠언서에서는 간음하는 여자의 집을 향하는 어리석은 사람에 관해 자세히 언급하고 있다. 잠언서 기자는 잠언 6장 27절에서 이렇게 묻는다. "사람이 불을 품에 품고서야 어찌 그의 옷이 타지 아니하겠으며." 그는 어리석은 자가 그 상태를 못 벗어나는 순간을 묘사하면서(잠 6:29-35) 다음과 같은 말로 그 주제를 따라서 일련의 일화들로 끝을 맺는다.

"젊은이가 곧 그를 따랐으니 소가 도수장으로 가는 것 같고…. 필경은 화살이 그 간을 뚫게 되리라. …그의 생명을 잃어버릴 줄을 알지 못함과 같으니라"(잠 7:22-23).

남편이 그를 붙잡아서 살해한 것이다! 그런데 요한일서 5장 16절에는 이해하기 어려운 구절이 있다.

"누구든지 형제가 사망에 이르지 아니하는 죄 범하는 것을 보거든 구하라. 그리하면 사망에 이르지 아니하는 범죄자들을 위하여 그에게 생명을 주시리라. 사망에 이르는 죄가 있으니 이에 관하여 나는 구하라 하지 않노라."

어려워 보이더라도 몇 가지 사실은 확실하다. 첫째, 그리스도인들('형제'라는 말에 주목하라)이 죽음에 이르게 하는 죄를 범하기도 한다는 사실이다. 둘째, 다른 그리스도인들이 그런 죄에 관한 온갖 사실을 살피는 것, 즉 묻거나 구하는 것은 옳지 않다는 것이다. 단지 해야 할 일이라고는 기도뿐이다.

그렇다면 죽음에 이르게 하는 죄는 무엇일까? 다음 두 가지 가운데 하나일 수 있다. 즉 법 이전에 죽어 마땅한 죄(이런 종류의 죽을죄는 신 21:22, 22:23-24에 언급되어 있다)이거나 주님 자신의 합당한 이유에 따라서 죽어 마땅하다고 간주하는 죄이다(고전 11:30 참조). 어느 것이든 간에 죄는 신체적 죽음에 이르게 한다. 죽음이 죄의 결과일 때마다 죽음이 육신과의 어느 전투에서 승리하지 못한 데 따른 것임은 분명하다.

따라서 때 이른 죽음을 피할 바로 그 이유에서라면(잠언과 고린도전서 11장 모두 이 동기에 호소하고 있다) 당신의 육신 속에 있는 죄와 싸우는 것을 익히지 않으면 안 된다. 물론 이것이 가장 일차적인 동기는 아니지만 누구나 이해할 수 있는 것이다. 또 한편으로는 그리스도를 위해서 주어진 수명을 다하는 게 중요하다. 따라서 장수를 바라는 것 역시 더욱 기본적인 동기의 일부일 수 있고, 또한 그래야 한다.

서로 다른 것들을 혼동하지 않도록 주의하기 바란다. 일찍이 스펄전은 이렇게 말했다. "여러분은 왕의 군대의 유일한 군사이고, 따라서 여러분이 길가에서 죽을 수도 있지만 왕의 칭송을 받는 한 여러분이 어떻게 되든 문제될 것이 없다."

이것은 완벽한 사실이지만 – 비록 요즘은 너무도 광범위하게 존재하는 지나치게 나약한 거짓 기독교적 환경일지라도 당신은 그런 교훈을 듣지 못할 것이다 - 내가 말하는 것과는 다르다. 당신 자신이 죄를 범할 경우 맞이하는 죽음은 순교가 아니라 불순종하는 어리석은 짓이다. 당신은 "말이야 쉽지"라고 말할 것이다. 그렇다. 그러나 쉽지 않은 진리를 깨닫지 않으면 안 된다! "만일 나팔이 분명하지 못한 소리를 내면 누가 전투를 준비하리요"(고전 14:8).

적의 패배

당신은 주님의 십자가를 뒤따르는 패잔병 소탕 원정대에 참가한 주님의 군대 일원으로서 주님으로부터 원수를 물리치도록 도울 수 있는 보기 드문 특권을 부여받았다. 결국 내가 이 책에서 일관되게 언급했듯이 내적 전쟁은 궁극적으로 당신의 전투가 아니다. 그것은 바로 그 전투가 개인적인 불화가 아니기 때문이다. 그것은 하나님이 사탄의 무리에게 최후의 심판을 내리시는 지구적이며 우주적인 전쟁의 일부이다. 그 때문에 우리의 임무가 그토록 중요한 것이다. 그리고 그것은 하나님이 당신을 자신의 무장 군대에서 병사로 그분과 더불어 싸우도록 허락하신 것이 하나님을 위한 대단한 특권의 이유이다.

물론 하나님은 한마디의 말로도 사탄을 일소하실 수 있다. 어떤 전쟁도 하나님이 자신의 합당한 이유에 따라서 전쟁을 선포할 필요는 결코 없다. 당신이 하나님을 위해서 그분의 전쟁에 참여할 필요 역시 없다. 하나님은 이해할 수 없는 몇 가지 이유 때문에 이런 식으로 일을 처리할 계획을 세우셨다. 그리고 그 계획의 일환으로써 그분의 목적을 위해 싸우는 그분의 백성은 이해하게 되고, 또 영광스러운 승리에 참여하게 된다. 이것이 충실한 사람에게 주어지는 놀라운 결과이다. 당신이 참여할 현재 도래하는 영광에 대한 약간의 암시에 귀를 기울여보라.

"이는 하나님의 공의로운 심판의 표요 너희로 하여금 하나님의 나라에 합당한 자로 여김을 받게 하려 함이니 그 나라를 위하여 너희가 또한 고난을 받느니라. 너희로 환난을 받게 하는 자들에게는 환난으로 갚으시고 환난을 받는 너희에게는 우리와 함께 안식으로 갚으시는 것이 하나님의 공의시니 주 예수께서 자기의 능력의 천사들과 함께 하늘로부터 불꽃 가운데에 나타나실 때에…. 이런 자들은 주의 얼굴과 그의 힘의 영광을 떠나 영원한 멸망의 형벌을 받으리로다. 그날에 그가 강림하사 그의 성도들에게서 영광을 받으시고 모든 믿는 자들에게서 놀랍게 여김을 얻으시리니"(살후 1:5-10).
"그러므로 내가 택함 받은 자들을 위하여 모든 것을 참음은 그들도 그리스도 예수 안에 있는 구원을 영원한 영광과 함께 받게 하려 함이라. …우리가 주와 함께 죽었으면 또한 함께 살 것이요 참으면 또한 함께 왕 노릇 할 것이요"(딤후 2:10-12).

"사랑하는 자들아 너희를 연단하려고 오는 불 시험을 이상한 일 당하는 것같이 이상히 여기지 말고 오히려 너희가 그리스도의 고난에 참여하는 것으로 즐거워하라. 이는 그의 영광을 나타내실 때에 너희로 즐거워하고 기뻐하게 하려 함이라. 너희가 그리스도의 이름으로 치욕을 당하면 복 있는 자로다. 영광의 영 곧 하나님의 영이 너희 위에 계심이라"(벧전 4:12-14).

"모든 은혜의 하나님 곧 그리스도 안에서 너희를 부르사 자기의 영원한 영광에 들어가게 하신 이가 잠깐 고난을 당한 너희를 친히 온전하게 하시며 굳건하게 하시며 강하게 하시며 터를 견고하게 하시리라"(벧전 5:10).

그리고 끝으로 한 구절을 추가하면 이렇다.

"우리가 잠시 받는 환난의 경한 것이 지극히 크고 영원한 영광의 중한 것을 우리에게 이루게 함이니"(고후 4:17).

이 모든 구절마다 전쟁과 승리가 등장한다. 현재 고난받는 하나님의 백성은 그분과 더불어서 영광 가운데 통치하게 될 것이다. 한동안 그분의 전쟁에 참여했기 때문에 그들은 하나님이 거두신 승리를 영원히 누릴 것이다. 이것이 바로 하나님의 진정한 성도들이 한결같이 기대하는 영광스러운 결과이다.

따라서 성경이 전하는 메시지는 적의 패배는 예수 그리스도와 더불어 우리의 승리라는 것이다. 이 얼마나 놀라운 소망인가!

하나님의 영광

하나님이 영광을 받으신다는 사실은 무엇보다 중요하다. 당신은 앞서 인용한 구절 가운데 우리가 누리고 있는 하나님의 영광과 하나님의 명예를 분명히 간과할 수 없다. 비교하여 보면 아무것도 아니지만 그분께 바쳐지는 명예만큼 명예를 누리게 된다. 하나님이 모든 적을 물리치시는 그날에 만유의 주가 되실 것이다.

"그 후에는 마지막이니 그가 모든 통치와 모든 권세와 능력을 멸하시고 나라를 아버지 하나님께 바칠 때라. 그가 모든 원수를 그 발아래에 둘 때까지 반드시 왕 노릇 하시리니 맨 나중에 멸망받을 원수는 사망이니라. 만물을 그의 발아래에 두셨다 하셨으니 만물을 아래에 둔다 말씀하실 때에 만물을 그의 아래에 두신 이가 그중에 들지 아니한 것이 분명하도다. 만물을 그에게 복종하게 하실 때에는 아들 자신도 그때에 만물을 자기에게 복종하게 하신 이에게 복종하게 되리니 이는 하나님이 만유의 주로서 만유 안에 계시려 하심이라"(고전 15:24-28).

할 말이 약간 더 남아 있지만 굳이 덧붙일 필요는 없을 것 같다.

누구도 그날을 설명할 수 없으며, 그분의 계시대로 그분의 영광스러운 도래는 우리가 넋을 잃을 정도로 광채가 날 것이다. 우리는 놀라움으로 하나님을 경배하고, 하나님의 영광을 맛보며, 또한 그 모든 것에 깜짝 놀랄 것이다. 마침내 전쟁이 끝나면 우리는 이해하게 될 것이다. 흉터, 상처, 고난, 고통 등이 모두 그만한 가치가 있었음을 알게 될 것이다. 우리는 주님으로부터 "잘하였다"라는 칭찬을 듣게 될 것이다!

지금의 결과들

주님의 전투를 치르는 직접적인 결과, 즉 우리가 최종적인 종전이 있기 훨씬 전인 바로 지금 식별하고 깨닫기 시작할 수 있는 결과가 있다.

첫째, 전투는 사람들을 긴밀하게 만든다. 당신은 자신이 다른 사람들과 지원을 주고받을 때 그들을 더 잘 알게 된다. 당신은 대개 다른 어느 방법도 활용하려 하지 않는 순간 성령의 임재를 식별하기 시작할 것이다. 당신이 육신과의 전쟁에서 그분을 의지하고 그분의 돌봄과 자족을 배울 때 그분의 지혜, 그분의 능력, 그분의 격려를 경험할 것이다.

당신은 자신이 겪는 시험을 통해 인내와 인내하는 자세를 더 많이 익히면서 인격체로 성장할 것이다. 또한 신앙이 성장할 것이다.

야고보서(1:2-4)와 베드로후서(1:3-8)에 언급된 모든 덕목은 투쟁의 결과이다. 전쟁은 시험의 순간이자 기회의 순간이다. 거의 삶 전체를 잘 싸운 이들뿐만 아니라 회개하고 성장하는 브레드나 밀드레드 같은 사람에게도 기회는 있고, 우리 역시 마찬가지다.

우리가 살펴본 대로 실수를 통해서 배울 수 있다. 우리는 성공으로부터 하나님을 존중하고 자신에 대한 신뢰를 포기하지 않는 것을 배울 수 있다. 성공하면 그것을 가능하게 하신 분에게 감사해야 한다. 그러나 실패하더라도 책망을 감수하는 법을 배워야 한다. 우리는 다른 사람이 싸우는 것을 지켜보면서 배울 수 있다. 그들의 실패와 성공은 육신과의 전투에서 커다란 도움이 될 수 있다. 또한 고통받는 형제들을 위해 기도하고 육신의 맹공에 무릎 꿇은 이들을 회복시키면서 스스로에게 다가서는 법을 배울 수 있다.

끝으로, 가장 커다란 현재의 결과는 당신이 불행 때문에 성경으로 – 당신이 달리 할 수 없을 때 그것을 공부하고, 그 어느 때보다 더욱 진지하게 그것을 적용하며, 고난에서 벗어날 수 없을 때 그 내용의 진가를 식별할 수 있도록 – 인도된다는 것이다. 이것이 바로 시편 기자가 시편 119편 67절과 71절에서 발견한 고난의 결과였다.

> "고난 당하기 전에는 내가 그릇 행하였더니 이제는 주의 말씀을 지키나이다. …고난 당한 것이 내게 유익이라. 이로 말미암아 내가 주의 율례들을 배우게 되었나이다."

실패하더라도 회복해서 적절하게 싸운다면 내적 전쟁은 어떤 식으로든지 좋은 결실을 맺을 수 있다. 그리고 물론 전투가 모두 끝나서 승리를 쟁취하는 날 더는 싸울 필요가 없을 것이다. 더 이상의 전쟁은 없을 것이다. 하나님은 우리가 소유한 이 몸을 내버리고, 우리를 그토록 고통스럽게 만들며, 또한 현재 아주 혹독한 상대자인 '육신'을 그것과 함께 장사지낼 것이다. 그리고 하나님은 그 몸을 그리스도 안에서 죽은 모든 사람이 영광이 나타날 때 받게 될 영광스러운 몸, 곧 그분과 같은 몸으로 즉시 변화시켜주실 것이다.

이것이 바로 우리 그리스도인에게 주어지는 결과이다. 힘겨운 순간에 당신이 아직 겪어보지 못한 그것을 기억하라. 불 같은 시험은 잠깐에 불과하다. 그것이 지나면 영광이 찾아온다!

언젠가 당신은 길고 힘겨운 전투를 뒤돌아보면서 "전쟁이 끝났
다!"라고 영광스럽게 외칠 것이다. 이 얼마나 놀라운 일인가!

그 순간은 아직 도래하지 않았고, 당신의 검을 보습으로 만들 순
간이 아직 되지 않았다. 그보다 요엘의 말에 귀를 기울여야 한다.

"너희는 모든 민족에게 이렇게 널리 선포할지어다. 너희는 전쟁
을 준비하고 용사를 격려하고…. 너희는 보습을 쳐서 칼을 만들
지어다. 낫을 쳐서 창을 만들지어다"(욜 3:9-10).

아직도 해야 할 일이 많이 남아 있고, 견뎌야 할 고난이 많이 남
아 있을지 모른다. 만약 이 책에서 더 이상 다룰 것이 없다면 나는
당신이 전시 상태에서 살고 있다는 사실을 경고하고, 당신이 참여할
영광스러운 결과를 알려주며, 당신이 전쟁에서 담당한 부분을 보여

주고, 다음과 같이 할 수 있도록 격려가 되었으면 좋겠다. "그러므로 피곤한 손과 연약한 무릎을 일으켜 세우고"(히 12:12).

히브리서 기자는 무기력함을 걱정하며 히브리서 12장 3~4절에서 이렇게 강조하고 있다.

"너희가 피곤하여 낙심하지 않기 위하여 죄인들이 이같이 자기에게 거역한 일을 참으신 이를 생각하라. 너희가 죄와 싸우되 아직 피흘리기까지는 대항하지 아니하고."

물론 그리스도께서 그렇게 하셨다. 전쟁에 관한 모든 것은 이렇다. 죄, 그리고 그리스도의 십자가에 의한 그것의 최종 정복!

내적 전쟁의 근황은 어떠한가? 이 책을 읽고 난 뒤에 무엇을 해야 할까? 고난과 고통 속에서도 용기를 내야 할까? 그렇다. 당신에게 그런 격려를 줄 수 있는, 이 책 곳곳에서 인용한 성경의 언약은 많다. 본문을 살피지 않고 그것들을 따로 인용했던 한 가지 이유는 쉽게 보여주기 위해서였다. 그것들을 다시 한번 읽기를 권한다. 이 책의 일차 목적은 머뭇거리는 그리스도인을 격려하는 것이었다.

어쩌면 당신은 엄청난 실패를 겪었을지도 모른다. 망신을 당하고 있을 수도 있다. 문제를 벗어날 길이 없을 수도 있다. 하나님이 밀드레드와 브레드를 위해서 하실 수 있는 일을 당신에게 소개하는 장을 다시 읽어보라. 회개하라. 하나님이 무기력한 병사들을 위해 제공하신 원천으로 다시 돌아가고, 필요하다면 지체 없이 지원병력을 요청하라.

사실 바로 지금 전화하는 게 현명할 수 있다. 하나님의 약속을 읽다가 떠오른 어느 좋은 해결책을 멀리하게 만드는 세상의 음성을 멀리하라. 다른 모든 사람의 이야기를 무시하라. 세상 친구의 영향력에서 벗어나 그리스도와 그분의 백성에게로 돌아서라. 아버지의 집으로 돌아가라. 그곳이 당신의 집이다.

당신이 전투를 잘 치루고 있을 수도 있다. 좋은 일이다. 계속해서 성장하라. 하지만 당신이 안전하지 못한 상태에 있다는 점을 기억해야 한다. 당신은 적에게 만만한 상대가 아니다. 적은 절대로 포기하지 않는다. 적은 필요하다면 무덤에 갈 때까지도 당신이 자신과 함께 멸망하도록 온갖 시도를 다 할 것이다. 넘어지지 않게 적을 주의하라. 주님께 한껏 영광을 돌리라. 그분이 당신을 보호하고 사용하심에 감사하라. 지혜와 능력을 위해서 그분만을 의지하라. 아무리 많은 그리스도인이 자신이 맡고 있는 짐을 포기하는 것을 목격하더라도 결코 낙심하지 말라. 그보다 그들의 몫까지 짊어지고 그들을 회복시키고, 그래서 그들이 당신과 더불어 싸울 수 있게 하라.

십자가 병사들인 우리가 처한 상태가 어떻든 간에 주님이 당신과 함께하시고, 또한 승리하기를 바라고 계신다는 사실을 기억하라. 당신은 이길 수 있고, 그분의 능력을 빌어 싸우면 승리할 것이다. 인생은 그리 길지 않다.

요즘처럼 복잡하고 혼란한 시기에 조언을 얻을 수 있는 상대를 만난다는 것은 그리 작지 않은 축복이라 할 수 있다. 그 조언자가 신앙의 문제, 영적인 차원까지 함께 고민하면서 대안을 제시해준다면 그보다 좋은 일은 없을 것이다. 하지만 안타깝게도 그런 멘토를 만난다는 것은 쉬운 일이 아니다. 전문적 지식을 소유하고 있으면서도 그에 걸맞는 지혜를 갖추지 못했거나 아니면 나름의 세계관은 갖췄지만 전문성이 거기에 미치지 못하는 경우가 흔하기 때문이다.

제이 E. 아담스(Jay E. Adams)는 보기 드물게 두 가지 차원을 골고루 갖춘 인물이다. 아담스는 미주리대학교에서 박사학위를 받았고, 캘리포니아의 웨스트민스터 신학대학원에서 오랫동안 학생들을 가르치면서 1백 권 이상의 저서를 출판하였다. 또 아담스는 전문적인 지식만 나열하거나, 아니면 무책임한 주장을 제기하지 않는 것으로도 이름이 높다. 그는 실천신학과 기독교 상담학 분야에서 일가

견을 이루었지만 여전히 그리스도인이 겪고 있는 영적인 문제에 관해서 해박한 성경 지식을 바탕으로 명쾌하게 해답을 제시하고 있다 (www.sermonaudio.com 참조).

이 책 역시 아담스의 평소 스타일을 그대로 반영하고 있다. 일차적으로 아담스는 이 책에서 우리에게 익숙한 내적 전쟁이라는 개념을 활용해서 그리스도인이 겪는 문제들, 가령 부부와 자녀 문제, 혹은 직장과 사회생활에서 피할 수 없는 문제들이 무엇이고, 그 원인이 무엇인지 검토하고 있다. 그러고는 그것들을 성공적으로 해결할 수 있는 실제적인 성경의 원리와 방법들을 소개하고 있다.

프롤로그에서 아담스가 직접 밝히고 있듯이, 이 책은 어떤 특별한 이론을 제시하려고 하지 않는다. 그렇다고 해서 육안으로 볼 수 없는 세계를 파악할 수 있는 특별한 능력을 주장하는 것도 아니다. 그리스도인이 쉽게 털어놓거나, 해결책을 구하는 게 쉽지 않은 문제의 원인을 규명하고, 그것을 토대로 문제를 극복할 수 있는 방법을 실례를 들어가면서 구체적으로 소개하고 있다. 신앙생활의 기본적인 원리에 대해서 알고 싶거나, 혹은 크고 작은 개인적인 문제 때문에 어려움을 겪는 그리스도인이라면 누구나 반드시 이 책을 읽어야 할 까닭이 여기에 있다. 이 책을 통해서 죄의 유혹을 극복하고 신앙의 내적 전쟁에서 승리를 거두는 믿음의 사람이 더 많아지기를 기대한다.

옮긴이 유재덕

존 오웬의
죄를 죽이는
8가지
실제적인 방법

특별수록 _ 내 안의 죄 죽이기 중에서

- -

너희는 믿음 안에 있는가 너희 자신을 시험하고
너희 자신을 확증하라. 예수 그리스도께서 너희 안에
계신 줄을 너희가 스스로 알지 못하느냐.
그렇지 않으면 너희가 버림받은 자니라. 고후 13:5

우리가 육체적 정욕으로 고통받을 때 우리 영혼을 안내해줄 구체적인 방법을 여기에서 다루고자 한다. 이것은 존 오웬이 그의 저서 「내 안의 죄 죽이기」(브니엘, 2018)에서 의도한 핵심 내용이기도 하다. 이 방법 중 어떤 것은 다른 것을 위한 선행조건으로 제시되는 준비작업인 것도 있고, 어떤 것은 그 자체로 독자적인 안내 역할을 하는 것도 있다.

"너희는 믿음 안에 있는가 너희 자신을 시험하고 너희 자신을 확증하라. 예수 그리스도께서 너희 안에 계신 줄을 너희가 스스로 알지 못하느냐. 그렇지 않으면 너희가 버림받은 자니라"(고후 13:5).

방법 1. 정욕에 동반되는
여러 위험한 징후를 살피라

먼저 당신의 정욕에 동반되는 여러 위험한 징후들을 숙고해보라. 즉 그 정욕이 치명적인 증상을 가지고 있는지 조사하라. 만약 그것이 치명적이라면 특단의 조치를 취해야 한다. 일반적인 수준에서 죄를 죽이려는 노력은 효과를 거둘 수 없다. 그렇다면 우리 안에 거하는 죄가 치명적임을 보여주는 위험한 징후는 무엇인가? 그 징후들은 다음과 같다.

고질적 습관

만약 어떤 죄가 당신의 마음을 오랫동안 타락시켜왔는데 그것의 위력을 물리치고 거기서 치유받으려고 노력하지 않았다면 그 죄의 병은 매우 심각한 것이다. 혹시 당신은 오랫동안 세상적인 생각, 야망, 욕심으로 인해 하나님과의 끊임없는 동행의 삶을 위해 필요한 다른 의무들을 저버리지는 않았는가? 아니면 수많은 날을 헛되고 어리석고 악한 생각으로 보내며 당신의 마음을 더럽히지는 않았는가? 만약 그렇다면 당신의 정욕은 매우 위험한 수위에 있다.

다윗의 경우가 그러했다. "내 상처가 썩어 악취가 나오니 나의 우매한 까닭이로소이다"(시 38:5). 마음속에 오랫동안 자리 잡은 정욕은 사람을 타락시키며 곪게 하고 짓무르게 하여 영혼을 비참한 상태로 만든다. 이러한 경우 일반적인 처방으로는 치료가 불가능하다.

이 정욕은 앞에서 언급한 온갖 수단을 동원해서 영혼의 모든 기능을 은근히 잠식하고 사람의 감정을 지배한다. 그래서 사람의 마음과 양심은 그것에 익숙해져서 전혀 낯설게 여기지 않고 오히려 자신의 습관인 것처럼 생각하기까지 한다. 실로 죄의 정욕은 이와 같은 방법으로 사람을 지배하며 때때로 자신의 존재를 사람들의 눈에 띄지 않도록 한다. 따라서 그러한 사람은 특단의 조치를 취하지 않는 한 이 세상에서 결코 평화를 맛볼 수 없다.

그 이유는 첫째, 특정 정욕을 오랫동안 죽이지 못한 것은 중생하지 못한 사람에게만 일어나는 죄의 노예 상태에서 비롯된 것일 수 있기 때문이다. 둘째, 오랫동안 특정한 죄의 정욕이 여러 모양으로 역사하여 마치 요지부동인 것처럼 역사하고 있을 때 그 정욕이 더는 자신을 괴롭히지 않을 것이며, 자신은 딴 사람이 될 것이라고 다짐하는 일은 어불성설이기 때문이다. 아마도 이 특정 정욕은 당근과 채찍이라는 양면작전을 통해 영혼이 눈치 채지 못하도록 자신의 존재를 오랫동안 숨겨왔을 것이다. 그리고 말씀을 통해 주어지는 각종 은사들의 도전 앞에서 오랫동안 굴복하지 않은 채 있었을 것이다.

이렇게 고질적인 습관처럼 영향력을 행사하는 죄를 사람이 제거한다는 것은 확실히 쉬운 일이 아니다. 오랫동안 방치된 상처들은 종종 치명적이며 항상 위험하다. 속에 거하는 병은 계속 아무런 장애 없이 거하면서 더욱 난폭하고 완고해진다. 정욕은 그러한 속병으로 일단 사람 안에 습관으로 자리 잡게 되면 발본하기가 더욱 어려워진다. 그것은 스스로 죽는 법이 없기 때문에 우리가 매일매일 그것을 죽이지 않는다면 그 위력은 분명히 점점 더 커질 것이다.

죄와 타협하려는 마음

내주하는 정욕의 힘 앞에서 복음적인 방법으로 그것을 죽이기보단 마음의 평화를 유지하기 위한 명목으로 그것과 은근히 타협하려는 것은 마음속에서 그 죄가 치명적인 수위로 발전했다는 또 다른 증거이다. 이러한 타협은 다음과 같은 방법으로 이루어질 수 있다.

첫째, 죄로 인한 생각으로 고통당할 때 그것을 파괴하려고 노력하기보다는 자신의 마음속에서 그런 죄의 속성 외에 다른 좋은 면이 있는지를 찾아보고, 그것을 찾게 되면 죄에 대해서 관용한다.

사람이 하나님과 가졌던 경험들을 다시 생각하고 기억하며, 그것들을 더욱 발전시키기 위해 노력하는 것은 좋은 일이다. 이것은 모든 성도의 마땅한 의무로서 구약과 신약에서 모두 권고하는 행동이다. 다윗도 이와 같은 일을 했다. "밤에 부른 노래를 내가 기억하여 마음으로 간구하기를"(시 77:6). 이렇게 해서 다윗은 주님이 자신에게 베풀어주신 이전의 은혜들을 기억했다. 이와 같은 행위를 바울도 우리에게 권면했다. "너희는 믿음 안에 있는가 너희 자신을 시험하고 너희 자신을 확증하라. 예수 그리스도께서 너희 안에 계신 줄을 너희가 스스로 알지 못하느냐. 그렇지 않으면 너희는 버림받은 자니라"(고후 13:5).

솔로몬이 말한 것처럼 시련과 시험의 때, 그리고 죄로 인해 마음이 괴로울 때 그와 같이 하나님의 은혜들을 묵상하면 그 은혜의 잔은 더욱 돋보이게 된다. 하지만 그와 같은 기억을 다른 목적으로 사용한다면, 즉 죄로 고통당하는 양심을 달래기 위한 목적으로 이용한다면 그것은 죄의 계책에 넘어가는 것이다.

사람의 양심이 하나님과 대면하고 하나님으로부터 그의 죄성이 꾸짖음을 받을 때, 그 죄를 그리스도의 보혈의 피로 용서받고 성령으로 죽이기보다 오히려 전에 가졌던 좋은 경험들을 생각하며 위안을 얻고, 하나님이 자신의 목에 놓은 멍에를 회피하는 일은 실로 위험한 행동이다. 그렇게 되면 그의 상처는 거의 치료가 불가능해진다. 유대인들은 그리스도의 가르침에 찔림을 받고 양심의 가책을 느꼈을 때 자신들이 아브라함의 자손들이며, 그래서 하나님으로부터 인정받은 백성들이라고 주장하며 스스로를 위로하고 합리화했다. 그 결과 온갖 불경스러운 죄악으로 그들은 파멸하게 되었다.

어떤 의미에서 이것은 '스스로 자축하는 행위'라고 말할 수 있다. 그래서 "악화 일로에 있을지라도 자신 안에는 여전히 평화가 있다"라고 말하는 것과 같다. 이와 같은 태도 뒤에는 죄를 사랑하고 하나님으로부터 오는 은혜와 평화를 무시하려는 심리가 있다. 실로 자신에게 임하는 분노를 피할 수만 있다면 하나님과 완전히 단절되지는 않지만 어느 정도 하나님과 거리를 두면서 세상에서 열매 없이 살아도 된다는 생각이다. 이러한 생각을 가진 사람에게 무엇을 기대할 수 있겠는가?

둘째, 죄를 죽이기 위해 신실하게 노력하는 대신에 죄를 은혜와 자비의 논리로 합리화하는 것도 죄와 타협하는 행위이다. 이런 합리화는 그 당사자의 마음이 얼마나 죄에 물들어 있는지를 잘 보여주는 표식이다. 림몬의 당에서 경배해야 하는 나만처럼(왕하 5:18) 사람이 자신의 마음속에 "다른 경우들은 하나님과 동행하겠지만 이 경우만은 나에게 자비를 베풀어주소서!"라고 은밀히 말한다면 그는 곧 비참한 상태에 빠지게 될 것이다.

실로 자비라는 핑계로 죄에 계속 안주하려는 것은 그리스도인의 신실성에 위배되는 짓으로 위선이다. 그것은 하나님의 은혜를 도리어 색욕거리로 만드는 셈이다(유 1:4). 하지만 유감스럽게도 하나님의 자녀들이 사탄의 간교와 그들의 불신앙으로 때때로 이와 같은 죄의 속임수의 함정에 빠진다. 만약 그렇지 않다면 바울은 우리에게 그와 같은 속임수에 대해 주의하라고 말하지 않았을 것이다.

실로 사람은 천성적으로 이처럼 육신적인 거짓 논리에 무엇보다도 쉽게 사로잡힌다. 그래서 육신은 '은혜'라는 핑계를 대고 더욱 방종하려고 한다. 그리고 자비와 관련된 말은 무엇이든지 귀를 쫑긋하고 낚아채서 자신의 타락한 목적을 위해 왜곡시킨다. 죽이지 못한 자신의 죄에 대해 이와 같은 은혜를 대입시켜 합리화하는 행위는 결국 복음이라는 도구를 통해 육신의 목적을 만족시키는 행동이다.

속임을 당한 인간의 마음이 자신의 죄를 합리화하기 위해 사용하는 방법은 이 외에도 많다. 이처럼 내면에서 죄를 합리화하는 사람은 결국 마음속에서 죄를 은밀히 좋아하게 된다. 그래서 비록 그의 의지는 전적으로 죄를 향해 있지는 않지만 어느 정도 그것에 기울어져서 조건만 맞으면 쉽게 죄를 짓는다. 그래서 그는 그리스도의 피로 죄에서 사함을 받고 죄를 죽이려 하기보다 다른 방법을 통해 죄의 고통에서 위안을 얻으려고 한다. 결국 이런 사람의 상처는 악취를 품기며 썩게 되고 죽음의 문턱에 이르게 된다.

죄의 유혹에 동조하는 태도

죄의 정욕이 치명적인 수위에 이르렀음을 보여주는 또 다른 징후는 죄의 유혹이 성공을 거두고 빈번히 사람의 의지가 죄의 지배에 동조하는 경우이다. 사람의 의지가 죄를 기쁘게 받아들이고 그것에 동조할 때 비록 그 죄를 외형상 실제적으로 범하지 않을지라도 죄는 자신의 목적을 이룬 셈이 된다. 외형적인 기준으로 볼 때 사도 야고가 말한 것 - 오직 각 사람이 시험을 받는 것은 자기 욕심에 끌려 미혹됨이니 욕심이 잉태한즉 죄를 낳고 죄가 장성한즉 사망을 낳느니라(약 1:14-15) - 처럼 실제로 죄를 짓지는 않지만 사람은 마음속에서 죄를 짓고자 하는 마음과 성향을 가질 수 있다. 그렇게 되면 죄는 성공을 거둔 것이다. 그래서 정욕이 사람의 영혼에 위력을 갖게 되어 그의 상태는 마치 중생하지 못한 사람처럼 나빠지고 위험에 처하게 된다.

정욕에 휘말리는 일을 의도적으로 하든 무심코 하든 간에 그 결과는 똑같다. 무심코 한다는 자체도 어느 정도 선택이 개입되어 있기 때문이다. 우리가 경계하고 주의할 부분에서 의무를 게을리하고 무심코 행한다면 그런 무심한 행동은 일부러 하는 행위와 같다. 즉 일부러 의무를 소홀히 하고 부주의한 것이 아닐지라도 부주의하게 행동하도록 상황을 몰아간 것이기 때문에 그 선택의 책임을 피할 수는 없다. 마음의 악은 대부분 무심결에 갑자기 들어와 자신이 어쩔 수 없이 동조한 것이기에 시간이 지나면 그 악이 어느 정도 경감될 것이라고 생각하는 일은 잘못이다. 그렇게 무심결에 기습적으로 악이 들어오게 된 데는 마음을 지켜야 할 의무를 소홀히 한 자신이 주요 원인이다.

죄와 싸우지 않고 논쟁하는 자세

사람이 죄와 싸워야 할 때 앉아서 죄의 문제와 죄의 심판에 대해 논쟁만 한다면 그것은 죄가 그의 의지를 사로잡은 증거이며, 그의 마음속에는 사악함이 가득 차 있다는 징후이다. 이런 사람은 마음속에 죄와 정욕의 유혹에 대해 싸우지 않고 오직 타인들 사이에서 수치를 당하는 일과 하나님으로부터 오는 지옥의 심판만을 두려워하기 때문에 죄의 심판이 없다면 충분히 죄를 짓고도 남을 사람이다. 그래서 결국 그의 행위는 죄를 짓는 것과 마찬가지가 된다. 진정으로 그리스도의 소유가 된 성도는 복음의 원리에 기초해서 순종하고 그리스도의 죽음, 하나님의 사랑, 그리고 죄의 혐오스러운 속성을 깨달아 하나님과 동행하며 죄를 죄로 여기고 경멸한다. 그래서 모든 죄의 유혹을 물리치고 마음속의 정욕과 투쟁한다.

요셉이 바로 그랬다. "내가 어찌 이 큰 악을 행하여 하나님께 죄를 지으리이까"(창 39:9). 이런 맥락에서 사도 바울도 이렇게 말했다. "그리스도의 사랑이 우리를 강권하시는도다"(고후 5:14). 또한 그는 "그런즉 사랑하는 자들아 이 약속을 가진 우리는… 육과 영의 온갖 더러운 것에서 자신을 깨끗하게 하자"(고후 7:1)라고 말했다. 반면 정욕의 힘에 이끌리는 사람이 복음의 무기가 아닌 율법만으로 정욕과 싸운다면, 다시 말해 전적으로 율법의 무기인 지옥과 심판을 갖고 죄와 싸운다면 죄가 그의 의지와 감정을 사로잡아 광범위한 영향을 미치게 될 것이다.

이와 같은 사람은 새롭게 하는 은혜를 저버린다. 그가 아직 파멸되지 않는 것은 그를 지탱하는 하나님의 은혜 때문이다. 하지만 은혜에서 멀어지게 된 사람은 결국 율법의 권세 아래로 떨어지고 만다. 그리스도의 가볍고 온유한 멍에를 팽개치고 철로 만든 무거운 율법의 멍에 아래로 들어가 정욕의 방탕함을 억제하고자 한다면 그것은 그리스도를 모욕하는 행위이다.

이 점을 다시 한번 생각해보라. 당신이 죄 앞에서 다음과 같은 선택의 기로에 서 있다고 가정해보자. 즉 계속 죄의 노예가 되어 전쟁터로 달려가는 말처럼 죄의 명령에 굴복해 어리석은 행동으로 치닫거나, 아니면 죄를 스스로 제어하기 위해 대항한다고 하자. 이때 당신은 당신의 영혼에게 어떻게 말할 것인가? 그것으로 모든 게 끝나는가? 아니다. 결국 이 경주의 종착지는 지옥이 될 것이며, 거기서 복수의 심판이 당신을 기다릴 것이다! 그러므로 이제 당신은 스스로를 돌아봐야 한다. 악이 문 앞에서 기다리고 있다. 성도들이 더는 죄의 지배를 받지 않는다고 주장한 바울의 주요 논점은 "성도들이 율법 아래 있지 않고 은혜 아래 있다"는 것이었다(롬 6:14).

율법적 관점에서 율법적 원리와 동기를 갖고 죄와 대항할 때 당신을 파멸로 이끄는 죄의 지배에서 당신이 해방될 수 있다고 어떻게 확신할 수 있는가? 그런 율법적 자세에서 죄를 억제하려는 노력은 결국 오래가지 못한다. 강력한 복음의 요새를 떠나 스스로 정욕과 맞서 싸우게 되면 그 정욕은 즉시 당신을 삼키게 될 것이다. 적과 싸울 때 천 배의 힘을 발휘하는 무기를 적에게 넘겨준다면 절대 당신은 적의 지배에서 해방될 수 없다. 당신이 율법적 태도에서 신속히 돌아서지 않는다면 당신이 두려워하는 일이 당신에게 엄습하게 될 것이다.

징계의 심판에 대한 무감각

당신이 정욕으로 인한 강퍅함, 또는 적어도 징계의 심판을 느끼지 못하고 더는 괴로워하지 않을 때 이것은 죄의 또 다른 위험한 징후이다. 하나님은 때때로 자신의 자녀들에게 죄나 정욕을 허락하셔서 그들을 당혹하게 하고, 그것을 통해 그들이 가졌던 죄, 태만, 그리고 어리석음 등을 교정하신다. 그래서 이스라엘은 하나님께 불평했다. "여호와여 어찌하여 우리로 주의 길에서 떠나게 하시며 우리의 마음을 완고하게 하시나이까"(사 63:17). 의심의 여지없이 하나님은 이와 같은 방법을 중생하지 못한 불신자들에게도 사용하신다.

그러면 죄로 인한 찔림이 하나님의 징계의 손길인지 우리가 어떻게 알 수 있는가? 자신의 마음과 행동 양식을 살펴보면 알 수 있다. 지금 죄의 덫에 걸려 괴로워하기 전, 당신 영혼의 상태는 어떠했는가? 당신은 의무를 소홀히 하지 않았는가? 과도하게 자신만을 위해 살지 않았는가? 당신에게 회개하지 않은 죄가 있지는 않았는가? 하나님은 우리로 하여금 옛 죄를 기억하도록 하기 위해 고통을 주실 뿐만 아니라 더 나아가 전혀 새로운 죄를 짓도록 허락하기도 하신다.

놀라운 은혜, 보호하심, 그리고 구원을 받았음에도 당신은 그것들을 계속 발전시키지 않고 감사하지도 않았던 것은 아닌가? 죄의 고통에 너무 길들여져 그 고통 뒤에 숨어 있는 하나님의 뜻을 이루기 위해 노력하지 않았던 것은 아닌가? 아니면 하나님의 섭리 속에서 하나님을 영화롭게 할 수 있도록 은혜로 주신 기회들 앞에서 최선을 다하지 않았던 것은 아닌가? 혹시 당신은 매일매일 많은 유혹을 통해 세상과 사람들에게 영합하지는 않았던가? 만약 당신이 이러한 상태에 있다면 깨어서 하나님을 구하라. 지금 당신은 주위에 분노의 폭풍이 몰아치고 있다는 사실도 모른 채 영적인 잠을 자고 있다.

죄를 교정하려는 하나님을 방해하는 것

죄를 교정하려는 하나님의 방법을 정욕을 통해 방해한다면 이것은 심각한 죄의 징후이다. 이런 상태를 성경은 이렇게 말한다. "그의 탐심의 죄악을 말미암아 내가 노하여 그를 쳤으며 또 내 얼굴을 가리고 노하였으나 그가 아직도 패역하여 자기 마음의 길로 걸어가도다"(사 57:17). 이 말씀에서 하나님은 이스라엘의 죄를 교정하기 위해 고통을 주고 유기(遺棄)하는 방법들을 사용하셨다. 하지만 그들은 그 모든 하나님의 방법을 무시하고 오히려 저항했다. 이것은 정말 슬픈 일이다. 왜냐하면 이사야 57장 18절의 말씀처럼 인간은 오직 하나님의 주권적인 은혜를 통해서만 죄로부터 벗어날 수 있기 때문이다. "내가 그의 길을 보았은즉 그를 고쳐줄 것이라. 그를 인도하며 그와 그를 슬퍼하는 자들에게 위로를 다시 얻게 하리라." 이 은혜는 사람의 힘으로 얻어지는 은혜가 아니다.

하나님은 때때로 자신의 섭리에 의해 특정한 사람을 대면하고 그 마음의 죄를 말씀하신다. 요셉을 애굽에 판 요셉의 형제들의 경우가 그런 예다. 이때 당사자는 자신의 죄를 숙고하게 되고 스스로를 판단하게 된다. 이처럼 하나님은 자신의 뜻을 말씀하실 때 보통 위험, 고통, 고난, 질병 등과 같은 방법을 사용하신다. 어떤 때는 성경을 읽는 중에 어떤 구절을 통해 마음에 찔림을 주기도 하신다. 그래서 그로 하여금 자신의 상태를 깨닫고 일어서도록 역사하신다. 또한 매우 자주 말씀 전파, 죄를 자각하게 하는 성찬식, 회심, 그리고 덕을 세워주는 훈계의 방법 등을 통해 사람들을 만나신다. 그리고 종종 말씀의 칼을 통해 사람들을 다듬어가신다. 그리하여 사람들의 심장에 있는 정욕을 향해 직접 칼을 들이대어 죄인들을 놀라게 하고 그들로 하여금 마음의 죄악을 죽이도록 이끄신다.

그렇지만 사람이 자신의 정욕으로 인해 주님의 속박에서 벗어나고 그분의 멍에 줄을 끊는다면, 또한 죄로 인해 주님이 주시는 깨달음을 버리고 다시 옛 생활로 돌아간다면 그 영혼은 비참한 상태에 놓이게 될 것이다. 이런 사람에게는 이루 형용할 수 없는 죄악들이 동반하게 된다. 이때 그에게 하나님이 주시는 특정한 경고의 말씀은 하나님이 그를 무한히 사랑하신다는 표지이다. 실로 하나님의 사랑을 저항하는 행위는 하나님을 경멸하는 행위이다! 그럼에도 하나님이 그런 죄인을 버리시지 않고, 분을 내어서 안식의 자리에 절대 들여보내지 않겠다고 맹세하시지 않는 것을 보면 그분의 인내가 얼마나 무한하신지 잘 알 수 있다!

위험한 죄의 징후는 이상에서 말한 것 외에도 많다. 주님이 귀신 들린 자를 고치시면서 "기도 외에는 이런 유가 나갈 수 없다"라고 하신 말씀은 정욕을 죽이는 문제에서도 적용된다. 일상적인 방법으로 죄를 죽인다는 것은 불가능하다. 오직 특별한 방법을 통해서만 죄를 죽일 수 있다. 그러므로 당신은 죄와 싸울 때 앞에서 말한 이러한 위험한 징후들이 있는지를 먼저 살펴야 한다.

방법 2. 죄의식, 죄의 위험,
죄의 사악함을 항상 인식하라

당신의 마음과 양심 안에서 다음과 같은 것들에 대해 변함없는 분명한 인식이 있어야 한다. 즉 첫째는 죄의식, 둘째는 당신을 괴롭히는 죄의 위험, 그리고 셋째는 그것의 사악함을 항상 인식해야 하는 것이다.

죄의식

사람이 정욕의 지배를 받을 때 정욕은 그 사람에게 죄의식을 느끼지 못하도록 속인다. 그래서 림몬의 당에 들어가 우상을 경배할 때 하나님도 그 정도는 봐주실 것이라고 생각하게 된다. 또한 이것은 나쁘지만 다른 악에 비해 그렇게 나쁜 것은 아니라고 구실을 대도록 한다. 하나님의 자녀들 중에도 이런 생각의 틀 속에서 행동하는 사람들이 있다. 그리고 실제로 그들 중에 어떤 사람은 무서운 죄의 함정에 빠지기도 한다!

죄가 사람의 마음을 속여 올바른 죄의식을 갖지 못하도록 하는 데는 여러 가지 방법이 있다. 죄는 요란한 광기를 일으키며 사람의 마음을 어둡게 하고 올바른 판단능력을 흐리게 한다. 다시 말해 당혹스러운 논리, 사람을 무력하게 하는 달콤한 약속, 혼란스럽게 하는 욕망, 하나님의 자비에 대한 지나친 신뢰, 잘못된 목적으로 죄와 싸우도록 유도하는 것과 같은 방법들을 통해 비등해가는 정욕을 의식하지 못하도록 사람의 마음을 뒤흔드는 것이다. 그래서 호세아 선지자는 정욕이 절정에 이를 때 그것이 어떤 결과를 가져오는지를 이렇게 말했다. "음행과 묵은 포도주와 새 포도주가 마음을 빼앗느니라"(호 4:11). 여기서 마음이라는 단어는 성경에서 종종 판단력, 지혜, 통찰력 등을 의미한다.

죄의 정욕의 힘은 중생하지 못한 사람들에게 최고조에 달하지만 부분적으로 중생한 사람들에게도 비슷하게 역사한다. 솔로몬은 음녀에게 유혹받는 자를 어리석은 자라고 말하면서 그런 자를 "지혜

없는 자"(잠 7:7)라고 지칭했다. 그렇다면 왜 그와 같은 사람이 어리석은가? 그 이유에 대해 솔로몬은 잠언 7장 23절에서 "그의 생명을 잃어버릴 줄 알지 못함" 때문이라고 말한다. 이 어리석은 사람은 자신의 죄에 대해 의식하지 못한다.

같은 의미에서 주님은 에브라임에 대해 그의 방법이 효과가 없는 이유를 이렇게 말씀하셨다. "에브라임은 어리석은 비둘기같이 지혜가 없어서"(호 7:11). 한마디로 에브라임은 자신의 비참하고 곤고한 상태를 이해하지 못했다. 다윗은 율법의 잔 아래서 수많은 변명을 통해 자신의 혐오스러운 죄의 추악함과 죄성을 제대로 보지 못했다. 하지만 그가 분명한 죄의식을 가졌다면 그처럼 오랫동안 죄에 사로잡혀 있지는 않았을 것이다. 그래서 나단 선지자는 다윗의 죄를 질책할 때 먼저 다윗의 모든 변명과 구실을 비유를 통해 일축했다. 그러자 비로소 다윗은 온전히 자신의 죄를 인식할 수 있었다.

이처럼 정욕은 사람의 마음을 어둡게 하여 죄를 올바로 인식하지 못하도록 방해한다. 마음을 무력하게 하기 위해 정욕이 사용하는 방법은 매우 다양하기에 여기서 그 모두를 다룬다는 것은 사실상 불가능하다. 그러므로 확실히 죄를 죽이기 원하는 사람은 자신의 마음속에 있는 죄성에 대해 우선적으로 올바른 판단의식을 가져야 한다. 이런 판단의식을 갖는 데 도움이 되는 몇 가지를 생각해보자.

첫째, 죄는 마음속에 은혜를 간직하고 있는 사람에게는 그 위력이 약해서 다른 사람들의 경우처럼 그를 지배하지는 못한다. 하지만 그런 사람에게도 여전히 죄성이 남아 있기 때문에 그의 죄성은 죄로 인해 더욱 악화될 수도 있다. "그런즉 우리가 무슨 말을 하리요. 은혜를 더하게 하려고 죄에 거하겠느냐. 그럴 수 없느니라. 죄에 대하여 죽은 우리가 어찌 그 가운데 더 살리요"(롬 6:1-2). 죄에 대하여 죽은 우리가 어찌 그렇게 할 수 있는가? 여기서 강조하는 것은 '우리'라는 말이다. 사도 바울이 나중에 표현한 것처럼 죄를 짓지 않기 위해서 그리스도의 은혜를 받은 우리가 어떻게 그런 일을 할 수 있겠는가? 실로 우리가 그런 일을 한다면 믿지 않는 사람들보다 더 악한 사람이 되는 것이다.

실제로 그런 일을 저지른 사람들에 대해 여기서 많은 이야기는 하지 않겠다. 하지만 확실히 그런 사람들은 사랑, 자비, 은혜, 도움, 구조의 손길, 필요한 자원, 그리고 구원을 다른 사람들보다 더 많이 대적하고 자신의 죄성을 더욱 악화시키고 있다. 그러므로 당신은 이 점을 항상 명심해야 한다. 즉 은혜를 받지 않은 사람들의 죄보다 은혜를 받은 사람들의 죄가 더 사악하다는 점이다. 따라서 스스로 깨달아 반성해야 한다.

둘째, 하나님은 믿지 않는 사람들의 영광스러운 업적이나 하나님의 종들의 외형적인 행동보다 성도들 마음의 열망과 소원을 보시고 거기서 더 풍부한 아름다움을 느끼신다. 일반적으로 성도의 외형적인 행동은 그의 마음에 있는 은혜의 열망을 충족시키지 못하고 악에 치우치는 경향이 있다. 마찬가지로 하나님은 성도들의 마음속에 있는 정욕을, 사악한 사람들의 공개적인 악랄한 행동이나 성도들이 곧잘 외형적으로 짓는 죄보다 더 큰 악으로 여기신다. 그래서 그런 성도들의 마음을 더욱 질책하시고 그에게 더 많은 수치를 주신다. 종말에 예수 그리스도는 타락한 자녀들을 다루실 때(계 3:15), 그들의 뿌리를 감찰하시고 겉으로 하는 그들의 신앙고백을 무시하신 채 "내가 네 행위를 아노니"라고 말씀하시며, 그들의 마음이 입으로 말한 것과 다름을 지적하시고, 그들을 향해 스스로 가증스러운 존재가 되었음을 꾸짖으실 것이다. 당신은 이와 같은 사실을 깨닫고 자신 안에 거하는 죄성에 대해 분명한 인식을 갖기 위해 노력해야 한다. 그래서 마음을 약화시키거나 변명하게 하는 생각들을 청산하고 죄가 힘을 발휘하지 못하도록 해야 한다.

죄의 위험들

첫째, 히브리서 3장 12~13절에서 바울은 죄의 속임수로 인해 우리가 강퍅해질 수 있음을 다음과 같이 지적했다. "형제들아 너희는 삼가 혹 너희 중에 누가 믿지 아니하는 악한 마음을 품고 살아 계신 하나님에게서 떨어질까 조심할 것이요 오직 오늘이라 일컫는 동안에 매일 피차 권면하여 너희 중에 누구든지 죄의 유혹으로 완고하게 되지 않도록 하라." 바울의 핵심은 주의하고 모든 수단을 동원해서 자신의 시험을 깊이 생각하고 경계를 늦추지 말라는 것이다. 죄는 속임수를 통해서 우리의 마음을 강퍅하게 하고 하나님을 경외하지 못하도록 유혹한다.

여기서 강퍅함이란 완고함이라는 뜻이다. 실로 죄의 지향점은 바로 이런 완고함이다. 그러므로 모든 정욕은 발전해서 사람을 완악하게 만든다. 한때 온유했고 하나님의 말씀과 고난을 통해서 부드러워졌던 사람이 정욕으로 인해, 불경스러운 표현을 빌리자면 더는 설교 말씀이나 질병 앞에서도 찔림을 받지 않고 완고해진다. 또한 과거에 하나님의 사랑을 확신했고 죽음에 대한 생각과 하나님의 존전 앞에 서는 일로 두려워했던 사람이 마음에 완악함으로 인해 더는 그런 생각들에 동요되지 않는다. 그는 자신의 영혼 상태와 죄에 대한 지적을 당해도 전혀 개의치 않는다. 그리고 기도, 말씀 읽기, 예배와 같은 책임을 유기한다. 그러면서 그의 마음은 전혀 가책을 느끼지 못한다. 이런 상태에서 그에게 죄는 매우 하찮은 것이 되어 그것을 아무렇지 않게 여긴다.

그렇다면 죄가 이렇게 자라나면 그 종착지는 어디인가? 한마디로 참담한 상태이다. 다시 말해 죄, 은혜, 그리스도의 피, 천국과 지옥 등에 대해서 거의 생각하지 않는 상태에 이르게 된다. 그런 상태는 생각만 해도 끔찍하지 않은가? 그러므로 주의하라. 당신의 정욕이 노리는 것은 바로 이것이다. 심지어 정욕은 마음을 강퍅하게 하고 양심을 마비시켜 생각을 어둡게 하고 감정과 영혼을 속인다.

둘째, 죄의 위험은 죄가 이 세상에서 하나님의 징계를 불러일으킨다는 데 있다. 성경은 이 징계를 복수, 심판, 그리고 처벌이라고 말한다. "만일 그의 자손이 내 법을 버리며 내 규례대로 행하지 아니하며 내 율례를 깨뜨리며 내 계명을 지키지 아니하면 내가 회초리로 그들의 죄를 다스리며 채찍으로 그들의 죄악을 벌하리로다. 그러나 나의 인자함을 그에게서 다 거두지는 아니하며 나의 성실함도 폐하지 아니하며"(시 89:30-33). 하나님은 당신의 마음속에 있는 불경한 죄로 인해 당신을 완전히 버리지는 않지만 그분의 막대기를 통해 당신을 징계하신다. 즉 하나님은 당신을 용서하시지만 당신이 지은 죄에 대해서는 벌을 내려 그 결과에 책임지도록 하신다는 뜻이다.

다윗이 당한 고난을 기억해보라. 다윗이 압살롬을 피해 광야로 피신했던 일을 생각하고, 그에게 향한 하나님의 징계의 손길을 숙고해보라. 하나님이 분노에 의해 당신의 아이를 죽이고, 당신의 재산을 파괴하며, 당신의 뼈를 사르고, 당신을 죽이고 파멸시키며, 당신을 어둠 속에 가두었다면 당신은 그것을 대수롭게 여길 수 있겠는가? 하나님이 당신 때문에 다른 사람들을 벌하고 죽일지라도 당신은 아무렇지도 않게 여길 수 있겠는가? 그렇다고 나의 말을 오해하지는 말라. 하나님이 자신의 백성을 항상 그런 분노로 대하신다는 뜻은 아니다. 여기서 내가 말하고자 하는 핵심은 하나님이 당신을 그와 같은 식으로 다루어 당신의 양심으로 하여금 당신의 죄를 증거하게 만들 때 그 하나님의 징계의 손길은 당신의 영혼에 매우 큰 고통이 된다는 뜻이다. 그럼에도 이런 것들을 두려워하지 않고 계속 죄를 짓는다면 당신은 이미 강퍅함에 사로 잡혀 있다는 방증이다.

셋째, 죄의 정욕의 위험은 사람의 일생 동안 평화와 힘을 빼앗아 갈 수 있다는 데 있다. 하나님과 화평을 누리고 그분 앞에서 동행할 수 있는 힘을 얻는 것은 은혜 언약의 위대한 약속이다. 바로 이와 같은 평화와 힘을 통해서 우리의 영혼은 삶을 얻는다. 만약 그런 것들이 없다면 우리의 삶은 죽은 것이나 마찬가지다. 하나님과 화평 가운데서 우리가 그분의 얼굴을 보지 못하고 하나님과 동행하는 힘을 상실한다면 그런 삶은 우리에게 더는 의미가 없다. 정욕을 죽이지 못할 때 그 정욕은 영혼에게 이처럼 평화와 힘을 빼앗아간다. 이 진리를 우리는 다윗의 경우에서 극명하게 볼 수 있다. 다윗은 종종 죄로 인해 자신의 뼈가 쇠하며, 자신의 영혼이 불안하고, 자신의 상처가 중하다는 사실을 고백했다!

또 다른 예로 이사야 선지자는 이렇게 말했다. "그의 탐심의 죄악으로 말미암아 내가 노하여 그를 쳤으며 또 내 얼굴을 가리고 노하였으나"(사 57:17). 하나님이 얼굴을 가려 그분의 얼굴을 보지 못하는 영혼에게 무슨 평화가 있을 수 있겠는가? 또한 하나님으로부터 징계의 채찍을 받은 영혼이 무슨 힘이 있겠는가? "그들이 그 죄를 뉘우치고 내 얼굴을 구하기까지 내가 내 곳으로 돌아가리라. 그들이 고난받을 때에 나를 간절히 구하리라"(호 5:15). 하나님이 그들을 떠나서 자신의 얼굴을 숨기신다면 어떻게 그들이 하나님으로부터 평화와 힘을 기대할 수 있겠는가? 당신이 한 번이라도 하나님과 평화를 맛보고 하나님의 분노를 두려워했다면, 그리고 한 번이라도 하나님과 동행하기 위해서 필요한 힘을 체험하고 자신의 연약함 앞에서 기도로 슬퍼하며 괴로워한 적이 있었다면 당신의 머리맡에 가까이 있는 이 죄의 위험성을 깊이 생각하기 바란다.

조금 지나면 당신은 하나님의 얼굴을 더는 보지 못할 수도 있다. 아마도 내일쯤이면 당신은 기쁨과 활기를 거의 잃은 채 기도, 성경 읽기, 설교 듣기 등과 같은 의무를 억지로 수행하게 될지도 모른다.

그리고 아마도 그 이후에 당신의 삶은 고요한 평화를 전혀 맛보지 못할지도 모른다. 그래서 당신의 생애 동안 당신의 뼈는 고통과 두려움으로 채워지게 될 수도 있다. 확실히 하나님은 자신의 화살을 당신에게 쏘아 고통과 불안, 두려움, 그리고 혼란을 갖도록 하실 것이다. 그래서 당신은 자신뿐만 아니라 다른 사람들에게 저주거리와 놀림거리가 될지도 모른다.

또한 하나님은 당신에게 매 순간 지옥과 분노를 보여주시고, 하나님이 당신을 얼마나 미워하는지 깨닫게 하여 당신을 놀라게 할지도 모른다. 그 결과 당신의 상처는 계속 흘러 마르지 않고 당신의 영혼은 위안받기를 거절하게 될 것이다. 오히려 당신은 살기보다 죽고자 할 것이며, 당신의 영혼은 스스로 목매어 자살하려고 할 것이다. 하나님은 당신을 완전히 파멸시키지 않을지라도 당신을 그런 상황으로 몰아넣어 당신의 파멸을 생생하게 목도하도록 만들 수 있다는 사실을 명심하라. 당신은 이런 사실을 항상 숙지하고, 그와 같은 상태의 의미가 무엇인지 깨달으라. 또한 이런 생각을 통해 두려움과 떨림으로 항상 깨어 있으라.

넷째, 죄는 사람을 영원히 파멸시킬 수 있는 위험을 갖고 있다. 이 점을 제대로 논의하기 위해 우선적으로 우리는 다음과 같은 사실에 주목해야 한다. 즉 계속 죄를 짓는 삶은 필연적으로 영원한 파멸을 가져오기 때문에 그런 삶을 사는 사람들의 경우, 설사 하나님이 구원해주기를 원하다 할지라도 그들을 영원한 파멸에서 건져낼 수는 없다. 사람이 계속해서 죄의 권세 아래 있다면 하나님으로부터 영원한 분리와 파멸의 위협이 그들을 사로잡게 된다. 이 점을 히브리서 3장 12절과 히브리서 10장 38절이 잘 말해주고 있다. "형제들아 너희는 삼가 혹 너희 중에 누가 믿지 아니하는 악한 마음을 품고 살아 계신 하나님에게서 떨어질까 조심할 것이요." "나의 의인은 믿음으로 말미암아 살리라. 또한 뒤로 물러가면 내 마음이 그를 기뻐하지 아니하리라 하셨느니라."

결국 하나님의 규칙은 이와 같다. 즉 하나님을 떠나 불신앙을 통해 다시 죄악의 길로 돌아선 영혼은 하나님이 기뻐하시지 않기 때문에 그가 파멸할 때까지 계속 그에게서 분노가 떠나가지 않는다는 사실이다. 갈라디아서 6장 8절은 이 진리를 명확하게 말하고 있다. "자기의 육체를 위하여 심는 자는 육체로부터 썩어질 것을 거두고 성령을 위하여 심는 자는 성령으로부터 영생을 거두리라."

앞에서 묘사한 것처럼 타락한 죄의 권세 밑으로 다시 들어가 그것에 얽매이게 된 사람은 어떤 효력으로도 그를 파멸의 두려움에서 건져낼 수 없다. 또한 그는 언약에 대한 명확한 인식을 가질 수 없기 때문에 주님으로부터 파멸의 심판이 오면 그는 크게 놀라게 되고, 그것이 자신의 죄악된 행동의 종말임을 비로소 깨닫게 된다. 물론 성경이 "그리스도 예수 안에 있는 자에게는 결코 정죄함이 없나니"(롬 8:1)라고 한 말은 사실이다. 하지만 누구나 이와 같은 주장을 통해 위로를 받을 수 있는 것은 아니다.

그러면 어떤 사람이 그런 주장을 할 수 있는가? 그 해답은 "육신을 따르지 않고 그 영을 따라 행하는 사람"이다. 여기서 혹자는 로마서 8장 1절의 말씀은 결국 사람들에게 불신앙을 조장하는 것이 아닌가라고 반문할지 모른다. 결론적으로 말해 그렇지는 않다. 일반적으로 사람은 두 가지 측면에서 스스로를 판단한다. 첫째는 자신의 인격이고, 둘째는 자신의 행동 양식이다. 내가 지금 말하고자 하는 것은 인격이 아니라 행동 양식에 관한 판단이다. 사람은 자신의 인격에 대해 좋은 증거를 갖고 호의적인 판단을 내릴 수 있다. 하지만 더 중요한 것은 자신의 사악한 행동 양식이 파멸을 가져다준다는 사실을 판단할 줄 알아야 한다는 점이다. 이런 판단 능력이 없다면 그는 무신론자이다.

물론 사악한 행동 양식을 가진 사람들은 모두 그리스도에 대한 자신의 개인적인 관심의 증거들을 내팽개친다는 뜻은 아니다. 다만 그들이 그 증거들을 삶 속에서 지키지 못한다는 의미이다. 올바른 사람이라면 자신의 자아를 다음 두 가지 순서를 통해 정죄할 것이다. 첫째는 자신의 공과를 살펴서 자신이 하나님의 임재에 들어갈 자격이 없음을 깨닫는 것이다. 이런 깨달음은 신앙이 없는 사람들에게는 불가능하며 오직 믿음을 가진 사람만이 할 수 있다. 둘째는 그 결과와 관련해서 자신의 영혼이 저주를 받게 될 것임을 인정하는 것이다. 이것도 모든 사람이 할 수 있는 일은 아니다. 결론적으로 성도는 자신의 사악한 행동 양식이 죽음에 이르게 한다는 사실을 판단할 줄 알아야 한다. 그래서 그런 판단을 통해 자극받고 죄에서 벗어나려고 노력해야 한다. 실로 우리 영혼이 죄의 정욕의 얽매임에서 해방되고자 한다면 이점을 숙고해야 한다.

죄의 사악함

여기서 내가 말하고자 하는 것은 죄가 현재 우리에게 끼치는 악한 점들이다. 앞에서 말한 죄의 위험은 미래에 속하는 것이지만 죄의 악은 현재와 관련된 것이다. 정욕을 죽이지 못할 때 부수적으로 동반하는 많은 악에 대해 몇 가지 살펴보기로 하자.

첫째, 죄는 성도의 마음속에 거하도록 보내진 성령을 근심하게 한다. 그래서 사도 바울은 성도들을 향해 정욕과 죄에서 떠나라고 권면할 때 그 이유와 동기를 이렇게 말했다. "하나님의 성령을 근심하게 하지 말라. 그 안에서 너희가 구원의 날까지 인치심을 받았느니라"(엡 4:30). 바울은 하나님의 성령을 근심하게 하지 말라고 말한다. 그 이유는 성령을 통해 우리가 수없이 많은 은혜를 누릴 수 있기 때문이다. 그리고 그 은혜 중에 가장 상징적 의미를 갖는 은혜는 구속의 날까지 성령이 우리에게 인치심을 주시는 은혜이다.

부드러운 사람이 친구의 무례함을 보고 근심하는 것처럼 성령은 죄의 정욕을 보면 근심하신다. 성령은 부드럽고 사랑 가득한 모습으로 우리 영혼의 소원을 이루어주시기 위해 우리 안에 내주하신다. 이때 우리가 물리쳐야 할 대적을 여전히 마음속에 간직하고 있다면 성령은 그것을 보고 근심하신다. 우리에게 어떤 고통과 근심도 주시지 않는 성령(애 3:33)을 우리가 매일 삶 속에서 근심하게 한다면 정말 배은망덕한 일이 아니겠는가! 바울은 우리의 죄악이 하나님을 얼마나 노하게 하는지를 묘사하기 위해 때때로 성령이 "마음속으로 근심한다" 또는 "괴로워한다"라는 표현을 사용했다.

당신의 영혼에 은혜로운 정직함이 있고 죄의 속임수로 완전히 강퍅해져 있는 것이 아니라면 깨달음을 얻기 위해 다음의 사실을 명심하라. 즉 당신이 누구이며 무엇인지, 그리고 근심하게 된 성령은 무엇이며, 그 성령이 당신을 위해서 무엇을 했고, 당신의 영혼에게 어떤 의미를 갖는지 깊이 생각해보라. 또한 성령이 당신 안에서 이루어 놓으신 일은 무엇인지 깊이 살펴보라. 그렇게 되면 당신은 곧 수치심을 느끼게 될 것이다. 하나님과 동행하는 사람들이 마음과 생각을 항상 정결하게 하고 모든 영역에서 거룩함을 지키려고 노력하는 가장 큰 이유는, 그들 속에 거하여 그들을 하나님의 성전으로 만들고 그들과 만나주시는 성령 때문이다. 이 성령은 우리 안에 거하여 우리가 무엇을 갖고 즐거워하는지 주시하신다. 이때 우리가 우리의 성전을 정결하게 한다면 성령은 그것을 보고 크게 기뻐하실 것이다.

구약에서 시므리는 모세와 다른 사람들이 보는 앞에서 창녀를 회중 가운데로 데려와 이스라엘을 근심하게 한 적이 있다. 이것은 시므리가 저지른 가장 큰 죄악이었다(민 25:6). 마찬가지로 하나님의 성령이 성도의 마음에 있는 성전을 정결하게 하기 위해 불꽃 같은 눈으로 살피시고 있을 때 우리가 죄의 정욕을 마음속에 데려와 마치 성도에게 당연한 일인 양 죄에게 비위를 맞추려고 한다면 이것은 정말 큰 악이 아닐 수 없다.

둘째, 죄는 예수 그리스도에게 다시 상처를 입히는 악을 행한다. 또한 우리 마음속에 있는 새사람도 그 죄를 통해 상처를 입게 된다.

실로 죄는 그리스도의 사랑의 힘을 빼앗고 대적자인 사탄의 욕망을 채워준다. 죄의 속임수를 통해 주님을 완전히 저버리는 행위는 주님을 다시 못 박는 행위와 같다. 그와 마찬가지로 주님을 멸하기 위해 왔던 죄를 다시 마음에 품는 행위도 주님께 상처를 주고 주님을 근심하게 만든다.

셋째, 죄는 이 세상에서 사람의 유용성을 말살시킨다. 그래서 죄의 지배 아래 놓인 사람은 아무리 노력할지라도 하나님의 축복을 거의 받지 못한다. 만약 그가 설교자라면 하나님은 그의 사역의 훼방꾼이 되어 결국 그를 불구덩이 속에서 사역하도록 만드실 것이다. 그 결과 하나님의 일을 하면서도 그는 실제로 아무런 성취도 이루지 못하게 된다. 이것은 다른 상황에서도 마찬가지다. 실로 이 세상은 신앙을 공언하지만 스스로를 괴멸시키는 불쌍한 영혼으로 가득 차 있다. 정말로 아름다운 영광의 빛 속으로 걸어가는 사람들은 매우 극소수이다! 대부분의 사람들은 황폐하여 거의 쓸모없는 사람들이다.

그 원인은 여러 가지로 설명될 수 있다. 특별히 우려되는 점은 많은 사람이 마음속에 자신의 영을 삼키는 정욕을 계속 품고 있다는 사실이다. 이들의 정욕은 벌레처럼 순종의 저변에 기생하여 매일매일 순종을 갉아먹는다. 그래서 은혜의 효력을 증진시키는 은혜의 모든 수단과 방편을 손상시킨다. 이때 하나님도 그런 이들을 방해하여 그들의 일이 성공하지 못하도록 역사하신다.

다음에서는 우리 영혼에 습관이 되어 있는 정욕과 대항하는 방법에 관해 논의할 것이다. 결론적으로 당신은 앞에서 언급한 죄의 위험과 죄의 악들을 계속 염두에 두어야 한다. 그것들에 대해 잠시라도 생각을 멈추어서는 안 된다. 그러한 죄에 대한 생각으로 당신의 영혼이 강력한 도전을 받고, 당신의 마음이 떨릴 때까지 계속 죄의 속성들을 묵상해야 한다.

방법 3. 내면 깊은 곳의
양심으로 죄를 느끼라

단순히 죄의식을 가졌다는 것으로는 불충분하다. 실제적으로 일어나는 죄의 분출과 동요를 보고 당신의 양심은 괴로워해야 한다. 이 점을 더욱 확실히 하기 위해서 다음과 같은 조치가 필요하다.

점점 구체적으로 죄를 느끼라.

첫째, 정직하고 거룩한 율법의 관점에서 당신 안에 나타나는 죄를 양심으로 느껴야 한다. 하나님의 율법을 당신의 양심에 가져와 타락한 당신의 성품을 율법 아래서 점검해야 한다. 그리고 그 율법을 통해 자극받기를 기도해야 한다. 율법이 갖는 거룩함과 영성, 불 같은 엄격함과 절대성, 그리고 내면성을 생각하고, 당신이 그 앞에서 어떻게 설 수 있는지를 살펴보라. 율법 안에서 주님이 얼마나 무서운 분이신지를 양심으로 크게 느끼라. 그리고 공의를 이루기 위해서는 당신의 범죄가 마땅히 응분의 대가를 치러야 한다는 사실을 양심으로 깨달으라. 아마도 당신의 양심은 그러한 생각을 회피하기 위해 다음과 같은 변명과 핑계를 늘어놓을지 모른다. 즉 율법의 정죄의 능력은 자신에게는 해당되지 않기 때문에 자신은 율법에서 자유롭다는 주장이다. 또한 당신은 율법에 순응하지는 않지만 적어도 그것으로 인해 자신이 괴로워할 필요가 없다는 것이다.

하지만 당신의 마음속에 정욕이 아직 죽지 않는 한 당신의 양심을 정죄하는 죄의 능력에서 자유로울 수는 없다. 이 사실을 인정한다면 율법은 당신에게 그동안 당신을 속여 왔던 죄의 정체를 보여줄 것이다. 이때 당신은 자신이 타락한 존재임을 깨닫게 될 것이다. 따라서 우선적으로 당신 안에서 율법이 말하는 것을 심사숙고하는 일이 급선무이다. 은밀한 마음 깊은 곳에서 율법의 정죄의 능력에서 자유롭다고 항변하고 죄와 정욕에 대해 별로 신경을 쓰지 않는 사람은 복음의 입장에서 볼 때 비록 겉으로는 그런 행색을 낼지라도 그는 절대 그런 영적인 증거들을 가질 수 없다.

더욱이 율법은 하나님으로부터 위임장을 받아 죄인들을 잡아내고 하나님 보좌 앞으로 이끄는 역할을 한다. 이때 보좌 앞에서 죄인들은 자신을 변론해야 한다. 이것이 당신이 현재 처한 상황이다. 율법이 당신을 발견하게 되면 하나님 앞으로 당신을 끌어놓을 것이다. 거기서 당신이 용서를 구한다면 잘한 일이지만 그렇지 않다면 율법은 자신의 사명에 따라 당신을 정죄하게 될 것이다. 율법의 목적은 당신 안에서 죄를 발견하고 그 죄에 대해 당신의 영혼을 일깨워 겸손하게 하는 데 있다. 한마디로 그것은 죄를 반사시켜주는 거울이다. 여기서 당신이 자신의 죄를 대면하기를 거절한다면 그것은 믿음의 행위가 아니라 당신의 마음이 강퍅하고 죄의 속임수에 넘어갔다는 증거가 된다.

실로 신앙을 공언했던 많은 사람이 이와 같은 과정을 거쳐 배교했다. 그들은 율법에서 자신이 해방된 사람처럼 자부하고 율법의 안내를 전혀 받지 않았다. 그 결과 그들은 율법을 통해 자신의 죄를 판단하기를 거부했다. 그래서 이런 태도를 통해 조금씩 죄의 원리가 그들 안에 파고들어 그들의 실제적인 이해력에 영향을 미치고 그것을 사로잡게 되자 그들의 의지와 감정은 불경한 모든 죄에 노출되고 말았다.

나는 이상의 논의를 토대로 정욕과 타락에 관해서 주님의 이름으로 말하는 율법의 소리에 당신의 양심이 부지런히 귀 기울일 것을 촉구한다. 실로 당신의 귀가 열려 있다면 율법의 소리에 당신은 떨림으로써 땅에 엎드려지고, 당신의 내면은 놀람으로 가득 차게 될 것이다. 당신이 진정으로 타락한 행동을 죽이고자 한다면 당신 양심을 율법에 묶어 율법에서 핑계를 대고 벗어나지 못하도록 해야 한다. 그리고 철저히 죄를 인식하고 다윗이 말한 것처럼 "내 죄가 항상 내 앞에 있나이다"(시 51:3)라고 고백할 수 있어야 한다.

둘째, 당신은 당신의 정욕을 복음의 빛 속에서 조명해야 한다. 이것은 복음에서 위안을 받기 위함이 아니라 더욱 자신의 죄를 인식하기 위함이다. 당신이 찌른 주님을 바라보고 비통해 하라. 그리고 당신의 영혼에게 이렇게 말하라.

"내가 무엇을 했는가? 내가 어떻게 그 큰 사랑과 자비, 보혈, 은혜를 경멸하고 짓밟았는가! 하나님 아버지의 사랑과 아들 하나님의 피, 그리고 성령의 은혜에 대한 보답이 이런 것이었는가? 나는 결국 이런 식으로 주님께 보상했는가? 그리스도의 죽음을 통해 씻음받고 성령이 내주하게 된 나의 마음을 이런 식으로 내가 더럽혔단 말인가? 나는 이 더러운 먼지에서 벗어날 수 있는가? 사랑의 주 예수님께 나는 무엇이라고 말할 수 있겠는가? 어떻게 그분 앞에서 뻔뻔스럽게 머리를 들 수 있겠는가? 그분과의 교제를 너무나 소홀히 다루어 나의 정욕으로 인해 나의 마음속에 그분의 설 자리가 사라진 것은 아닌가? 이 큰 구원을 무시한 내가 어떻게 심판을 회피할 수 있단 말인가? 마음속에 정욕을 품기 위해서 사랑, 자비, 은혜, 선하심, 평화, 기쁨, 위로 등을 모두 저버리고 그것들을 너무나 하찮게 여긴 것은 아닌가? 하나님 아버지의 도움을 받았던 내가 오히려 그분의 얼굴 앞에서 그분을 노하게 했단 말인가? 나의 영혼이 씻김을 받았던 이유가 단지 새로운 죄를 짓기 위함이었는가? 나는 그리스도의 죽음의 목적을 훼손시키는 행동을 계속할 것인가? 나의 구속의 날까지 인치심을 주는 성령을 매일 근심시킬 것인가?"

그리고 매일 당신의 양심에게 이렇게 약속하라. "죄로 악화되기 전에 죄에 맞서 양심을 세우겠다!" 만약 당신이 이렇게 다짐하지 않는다면 두렵건대 당신은 매우 위험한 상황에 놓이게 될 것이다.

구체적인 은혜와 죄성을 숙고하라.

다음으로 당신을 향한 하나님의 구체적인 방법에 대해 생각해보자. 복음의 일반적인 은혜 가운데는 구원, 칭의 등과 같은 것이 있다. 마찬가지로 당신은 그 은혜들이 구체적으로 당신의 영혼에서 어떤 사랑을 베풀었으며, 그 사랑을 저버린 당신의 타락한 죄성이 구체적으로 무엇인지를 생각해봐야 한다.

첫째, 특별히 당신을 향한 하나님의 무한한 참으심을 고찰해야 한다. 만약 하나님이 당신의 죄를 보고 당신을 이 세상의 수치거리와 영원한 분노의 대상으로 만들려고 하셨다면 어떤 조치를 취하셨을지 숙고해보라. 또한 당신이 때때로 그분께 어떻게 거짓을 행하며 반역했는지, 그리고 당신의 입술로 하나님께 아첨하면서 당신이 지금 추구하는 죄를 통해 그 모든 약속과 맹세를 어떻게 저버렸는지 생각해보라. 또한 그런 식으로 당신이 그분의 인내를 시험할지라도 주님이 때때로 당신을 용서해주셨다는 사실을 깨달으라. 실로 당신은 아직도 그분께 대항해서 죄를 지을 것인가? 여전히 그분을 싫증나게 하고 주님께 당신의 타락한 행위에 동조하도록 계속 종용할 것인가?

당신은 종종 주님이 더는 당신을 참아주지 않을 것이라는 생각을 한 적이 있었는가? 그분이 당신을 버리고 더는 은혜를 베푸시지 않을 것이며, 그분의 인내가 한계에 도달해 이제 지옥과 분노가 당신을 기다리고 있다고 생각한 적이 분명 있었을 것이다. 그러나 주님은 당신의 예상을 깨고 사랑으로 그런 당신을 지금까지 대해주셨다. 이런 은혜에도 불구하고 여전히 당신은 그분의 영광의 눈을 화나게 하는 일을 계속할 것인가?

둘째, 죄의 속임수로 인해 거의 강퍅해진 당신이었지만 하나님은 자신의 무한하고 풍부하신 은혜로 자주 당신을 회복시키고 그분과 다시 교제할 수 있도록 역사하셨다! 그동안 당신 안에 있는 하나님의 은혜는 점점 쇠퇴해갔고, 당신은 의무, 규율, 기도, 그리고 묵상 등과 같은 일에 흥미를 잃었었다는 사실을 당신도 인정하지 않는가? 또한 무절제하고 방탕한 삶이 기승하고, 거의 회복 불가능할 정도로 죄에 얽매였었다는 사실을 당신도 알고 있지 않는가? 더구나 당신은 하나님이 혐오하시는 악한 계층의 무리와 어울려 그런 일들을 즐거워하며 행했다는 사실을 알고 있다. 그런데도 마음을 강퍅하게 하기 위해 그런 일을 대범하게 계속할 것인가?

셋째, 하나님이 은혜의 섭리 가운데 당신에게 베푼 구원, 고통, 자비, 즐거움 등은 모두 나름대로 목적이 있다. 그러므로 당신은 그런 하나님의 섭리를 통해 당신의 양심에 죄의식의 짐을 지워야 한다. 그리고 당신 안에 거하는 타락한 죄들로 인해 그 상처를 인식하고, 주님 앞에서 먼지를 뒤집어쓴 채 석고대죄하며 철저히 괴로워해야 한다. 이와 같이 하지 않는다면 당신은 절대 구원받지 못할 것이다. 당신의 양심이 죄의식을 희석시킨다면 당신의 영혼은 죄를 죽이려고 결코 힘쓰지 않을 것이다.

방법 4. 죄의 권세에서
해방되기를 끊임없이 갈망하라

　　　　　일단 죄를 심각하게 인식하게 되면 그 죄의 권세에서 해방되기 위해 끊임없이 갈망해야 한다. 한순간이라도 당신의 마음속에 현재 상태에 만족하려는 생각이 있어서는 안 된다. 세상적인 갈망은 사람으로 하여금 추구하는 대상에 이르도록 자극할 뿐 그 외에는 아무런 가치나 효과도 발휘하지 못한다. 하지만 영적인 갈망은 다르다. 영적인 구원을 갈망하는 행위는 그 자체가 은혜이며 영혼으로 하여금 그것이 추구하는 대상을 닮도록 강력한 힘을 발휘한다. 그러므로 사도 바울은 하나님의 뜻 안에서 고린도 교인들이 행하는 회개와 슬픔을 언급할 때 그들의 갈망은 그 자체가 역사하시는 하나님의 은혜라고 표현했다.

　　그렇다면 자신 안에 거하는 죄와 그 능력에 대해서 바울은 어떤 태도를 취했는가? 실로 그의 마음은 구원을 받기 위한 열렬한 갈망으로 충만해 있었다. 바울처럼 위대한 성인도 자신의 죄에 대항하고자 하는 강력한 열망이 있었다. 그런데 특정한 정욕의 광기와 권세로 당신이 그런 영적 열망을 희석시킨다면 어떻게 강력한 열망을 기대할 수 있겠는가? 죄에서 해방되고자 하는 열망이 없다면 당신은 절대 구원받을 수 없다.

　　이점을 진실로 깨닫는다면 당신의 마음은 경계심을 갖고 대적자와 싸우기 위해 자신에게 유리한 모든 수단과 기회를 강구해야 한다. 그리고 적을 물리치기 위해 주어지는 모든 도움을 사용해야 한다. 강력한 열망은 성도들에게 명령으로 주어진 "항상 기도하라"는 말의 본뜻이기도 하다. 강력한 열망을 가져야 하는 가장 큰 이유는 그런 열망을 통해 우리의 믿음과 소망이 힘을 발휘하게 되고, 우리의 영혼이 하나님을 향해 움직일 수 있기 때문이다. 그러므로 당신의 마음속에서 항상 갈망하는 자세를 굳게 지켜야 한다. 그리고 바라고 울부짖어야 한다. 당신은 그런 다윗의 예를 잘 알고 있을 것이기에 더는 말하지 않겠다.

방법 5. 성품에 죄가
뿌리를 내리고 있는지 살피라

당신을 혼란에 빠뜨리는 죄가 당신의 성품에 침투하여 뿌리를 내리고, 당신의 체질로 정착하여 세력을 확산시키고 있는지 주의 깊게 살펴야 한다. 확실히 어떤 죄는 사람들의 기질과 성향으로 굳어져 있는 것을 볼 수 있다. 그런 경우에는 다음과 같은 점들을 조심해야 한다.

죄를 무조건 자신의 기질 탓으로 돌리지 말라.
어떤 사람은 불경스럽게도 공개적으로 자신의 죄를 자신의 기질이나 성향 탓으로 돌리려고 한다. 하지만 그런 식으로 그들이 죄책

감에서 해방될 수 있을지는 두고 볼 일이다. 결론적으로 말해 우리의 성품이 타락하고 부패했기 때문에 우리의 천성적인 기질에 죄의 자양분이 자리 잡고 있는 것이다. 다윗은 자신의 죄가 줄어들지 않고 계속해서 죄를 짓는 이유를 "내가 죄악 중에서 출생하였음이여 어머니가 죄 중에서 나를 잉태하였나이다"(시 51:5)라고 말했다. 당신이 특정한 죄의 성향을 가졌다는 것은 당신의 성품 안에 정욕이 특정한 모습으로 분출되고 있다는 뜻이다. 그리고 그런 분출로 인해 당신은 수치를 당하는 것이다.

죄의 성향은 사탄에게 유리하게 작용한다.

따라서 하나님과 동행하는 삶과 관련해서 주시해야 할 점은 이와 같은 당신 죄의 기질과 성향으로 인해 사탄과 죄가 매우 유리한 상황을 선점하고 있다는 것이다. 그래서 당신에게 각별한 경각심과 주의, 그리고 부지런함이 없다면 그들이 당신의 영혼을 확실히 잡아 삼킬 것이다. 실로 수많은 사람이 이와 같은 이유로 서둘러 지옥으로 떨어졌다. 만약 그렇지 않았다면 지옥으로 가는 그들의 행보는 하나님을 덜 자극하고 어느 정도 해악을 덜 끼치면서 천천히 진행되었을 것이다.

하나님의 방법으로 몸을 복종시키라.

천성적인 성품에 뿌리를 둔 죄성을 우리가 어떻게 죽일 것인가 하는 방법은 이미 앞에서 어느 정도 논의했고 앞으로도 계속 논의할 것이다. 하지만 여기서 추가로 그것을 위해 아주 특별한 방법을 소개하고자 한다. 그것은 사도 바울의 방법으로 "내가 내 몸을 쳐 복종하게"(고전 9:27) 한다는 것이다. 몸을 복종시키는 행위는 죄를 죽이기 위한 하나님의 명령이다. 이것은 죄의 천성적인 뿌리를 억제하고 죄의 기름진 토양을 제거하여 그것을 시들게 하는 것이다.

　로마 가톨릭 교도들은(이들은 그리스도의 의와 성령의 사역에 대해 문외한이며 죄의 본질과 죄를 죽이는 일이 무엇인지 알지 못한다) 죄를 죽이는 문제를 오직 봉사와 고행을 자청하여 자신의 육체를 복종시키는 일로만 해석한다. 때문에 이들의 유혹으로 많은 사람이 하나님께서 직접 정하신, 소위 마련하신 방법을 무시한다. 하지만 몸을 복종시키기 위해 금식과 철야기도 등과 같은 방법으로 천성적인 욕구를 죽이는 일이 하나님께서 보시기에 합당하기 위해서는 다음과 같은 조건이 충족되어야 한다.

　첫째, 자신의 몸을 외형적으로 손상시키고 약화시키는 행위 자체가 어떤 위력이 있거나, 그런 행위를 통해 자동적으로 죄가 죽을 것이라고 생각해서는 안 된다(그렇게 되면 우리는 죄의 규율의 속박으로 다시 돌아가게 된다). 대신 우리는 그런 행위가 죄의 천성적인 뿌리를 무력화시키기 위한 단순한 수단임을 인식해야 한다. 이것을 인식하지 않을 때 사람은 자신의 몸뿐만 아니라 영혼까지 쇠약하게 할 수 있다.

　둘째, 금식이나 철야기도와 같은 수단들이 그 자체에 어떤 마술적인 힘이 있기 때문에 죄를 죽일 수 있다고 생각해서는 안 된다. 정말로 그러한 효과가 있다면 이 세상의 중생하지 않은 사람도 성령의 도움 없이 죄를 죽일 수 있게 된다. 이런 수단들은 성령께서 자신의 사역을 수행하기 위해서 때때로 사용하는 도구에 불과한 것이다. 가톨릭 교도들은 중생에 관한 올바른 인식이 없기에 그와 같은 사실을 고려하지 않는다. 그러므로 그들이 죄를 죽이기 위해 취하는 행동은 성도들에게 적용될 수 있는 것이라기보다 들판의 말이나 짐승들에게나 적용될 수 있는 것들이다.

앞의 논의를 요약한자면 죄가 우리의 천성적인 기질이나 성향에 뿌리를 내리고 있는 상황에서 우리의 영혼이 해야 할 일은, 그리스도의 피와 성령에 의지해서 하나님의 방법으로 그와 같은 죄의 천성적인 뿌리들을 억제하도록 노력해야 한다는 것이다.

방법 6. 죄에 대항하여
항상 깨어 있으라

당신은 죄가 어떤 때에 힘을 발휘하고, 그것이 어떤 상황에서 자신에게 유리한 쪽으로 세력을 펼치는지 고찰하며, 항상 죄에 대항하여 깨어 있어야 한다. 예수님이 제자들에게 "깨어 있으라"(막 13:37)고 당부하신 말씀처럼 깨어 있는 것은 실로 우리의 의무이다. 누가복음 21장 34절은 깨어 있는 삶에 대해서 이렇게 말씀한다. "너희는 스스로 조심하라. 그렇지 않으면 방탕함과 술취함과 생활의 염려로 마음이 둔하여지고." 한마디로 타락한 성품의 분출을

막기 위해서 깨어 있어야 한다는 지적이다. 다윗은 이 의무를 스스로 실천하려고 노력했다. "또한 나는 그의 앞에 완전하여 나의 죄악에서 스스로 자신을 지켰나니"(시 18:23). 그는 자신의 부정한 모든 행동 양식과 죄를 대적하기 위해 깨어 있었다. 이것이 바로 주님께서 우리를 부르시고 우리에게 행위를 돌아보라고 명하신 말씀의 의미이다.

한편 당신은 죄가 활개를 칠 때는 어떤 상황이며, 그것이 어떤 요소와 어떤 기회를 만날 때, 그리고 어떤 조건이 충족될 때 유리하게 전개되는지 생각해야 한다. 그래서 그런 것들을 주시하고 대항해야 한다. 육체의 질병을 당할 때 사람들은 자신에게 해로운 음식이나 공기, 그리고 환경 등을 피하게 된다. 영혼의 질병은 육체의 병보다 더 중요하지 않은가? 죄의 상황을 대수롭지 않게 여기고 오히려 즐기는 사람은 결국 죄를 짓게 된다. 이 사실을 명심하기 바란다. 죄 유혹의 모험에 빠져드는 사람은 결국 죄를 지을 수밖에 없다.

방법 7. 처음부터 죄에 대해
결사적으로 대항하라

죄의 모습이 처음 나타날 때 당신은 그것에 대해 결사적으로 대항해야 한다. 그 죄가 당신의 마음 밭에 절대 서지 못하도록 항거해야 한다. "이 죄는 여기까지만 진행되고 더는 진척되지 않을 것이다"라고 말하며 자신을 속여서는 안 된다. 죄는 일단 한 걸음을 내딛으면 그다음 발걸음을 취한다. 죄가 진행되지 못하도록 그것을 묶어둔다는 것은 거의 불가능하다. 그것은 마치 강바닥에 흐르는 물과 같다. 그래서 죄가 일단 자리를 잡게 되면 물줄기처럼 자신의 경로를 따라 멈추지 않고 계속 흐른다. 그러므로 분출된 죄를 더는 진행되지 못하도록 막는 일보다 차라리 처음부터 그것을 원천봉쇄하는 일이 더 쉽다. 야고보는 우리에게 죄를 처음부터 막아야 한다는 사실을 지적하기 위해 죄가 어떻게 단계적으로 진행되는지를 잘 설명해주었다. "오직 각 사람이 시험을 받은 것은 자기 욕심에 끌려 미혹됨이니 욕심이 잉태한즉 죄를 낳고 죄가 장성한즉 사망을 낳느니라"(약 1:14-15).

혹시 당신의 생각이 타락한 죄로 인해 물들려는 조짐이 있는가? 만약 그렇다면 그 죄가 목적을 달성할 때 나타나는 결과를 생각하고 미리 사력을 다해 싸우라. 당신에게 정결하지 못한 생각들이 어떤 결과를 가져오는지 숙고하라. 확실히 그것들은 당신으로 하여금 어리석음과 더러움에 처하도록 만들 것이다. 또한 시기심의 종말이 무엇인지를 생각하라. 결국 그 종착지는 살인과 파괴이다. 이런 죄가 당신을 비천하게 만든다는 사실을 인식하고 더욱 강렬히 그것들에 대항하라. 이런 투쟁의 자세 없이는 절대 승리할 수 없다. 죄가 일단 감정을 사로잡아 당신이 죄를 기뻐하게 된다면 죄는 다시 이성에 침투하여 죄를 가볍게 여기도록 조종할 것이다.

방법 8. 자신의 사악함을
깨닫고 겸손하라

자신의 사악함을 깨닫고 겸손한 자세를 유지하기 위해서는 항상 다음과 같은 사실을 깊이 묵상해야 한다.

하나님의 탁월한 위엄을 묵상하라.

하나님의 탁월한 위엄을 묵상하면서 그것에 비해 너무나 동떨어진 자신의 초라한 모습을 생각해보라. 이와 같은 생각을 많이 하게 되면 당신은 자신의 사악함을 깨닫게 되고 속에 거하는 죄의 깊은 뿌리를 잘라낼 수 있다. 욥은 하나님의 위대하심과 탁월하심을 마침내 목도하게 되었을 때 수치심으로 자신을 부정할 수밖에 없었다. "내가 주께 대하여 귀로 듣기만 하였사오나 이제는 눈으로 주를 뵈옵나이다. 그러므로 내가 스스로 거두어들이고 티끌과 재 가운데에서 회개하나이다"(욥 42:5-6). 하나님의 위대하심을 나중에 깨달았던 하박국 선지자는 어떠했는가? 하박국 3장 16절을 보라. "내가 들었으므로 내 창자가 흔들렸고 그 목소리로 말미암아 내 입술이 떨렸도다. 무리가 우리를 치러 올라오는 환난 날을 내가 기다리므로 썩이는 것이 내 뼈에 들어왔으며 내 몸은 내 처소에 떨리는도다."

또한 욥은 하나님의 위험에 대해 "북방에서는 황금 같은 빛이 나오고 하나님께는 두려운 위엄이 있느니라"(욥 37:22)고 고백했다. 이러한 하나님의 위엄과 관련해서 옛날 사람들은 하나님의 얼굴을 본 자는 모두 죽게 된다고 생각했다. 성경은 사람의 비천한 상태를 깨닫도록 하기 위해 하나님과 비교하여 이 땅의 인간들을 '메뚜기' '헛된 것' 또는 '티끌'로 비유했다(사 40:22-24). 마음의 교만을 제거하고 영혼을 겸손하게 하기 위해서는 자신의 비천함을 깊이 깨달아야 한다. 죄의 속임수에 항거할 때 이와 같은 생각만큼 큰 힘을 발휘하는 것도 없다. 그러면서 동시에 하나님의 위대함을 깊이 묵상해야 한다.

자신의 지식이 미천함을 묵상하라.

하나님에 대한 자신의 지식이 미천하다는 사실을 깊이 묵상하라. 비록 스스로를 낮추고 겸손할 정도의 지식은 있다 할지라도 그분에 대한 당신의 지식은 정말로 초라한 것이다! 지혜로운 사람은 이와 같은 성찰을 통해 자신에 대해 다음과 같은 사실을 깨닫는다. "나는 다른 사람에게 비하면 짐승이라. 내게는 사람의 총명이 있지 아니하니라. 나는 지혜를 배우지 못하였고 또 거룩하신 자를 아는 지식이 없거니와 하늘에 올라갔다가 내려온 자가 누구인지 바람을 그 장중에 모은 자가 누구인지 물을 옷에 싼 자가 누구인지 땅의 모든 끝을 정한 자가 누구인지 그의 이름이 무엇인지 그의 아들의 이름이 무엇인지 너는 아느냐"(잠 30:2-4).

이와 같은 성찰을 함으로써 우리는 교만한 마음을 낮추기 위해 노력해야 한다. 당신은 하나님에 대해서 무엇을 알고 있는가? 정말로 당신의 지식은 빈약하기 짝이 없다! 속성상 하나님은 정말로 광대하신 분이다! 과연 그 영원의 심연을 당신은 두려움 없이 쳐다볼 수 있겠는가? 당신은 그분의 영광스러운 존재의 빛을 감당할 수 없다.

그리스도를 통해 아들의 신분이 되어 담대히 은혜의 보좌에 나아가면서 계속적으로 하나님과 동행하게 될 때 앞에서 말한 그런 생각이 나에게 큰 도움이 되었기 때문에 이 점을 좀 더 구체적으로 설명하고자 한다. 내가 이렇게 하는 이유는 하나님과 겸손하게 동행하기를 원하는 영혼들에게 이 생각의 필요성을 확실히 각인시켜주기 위함이다.

마음속으로 하나님의 위엄을 계속적으로 경외하기 위해서, 무엇보다 먼저 최고의 업적을 성취하며 하나님과 가장 친밀한 교제를 나눈 위인들일지라도 그들이 세상에서 가졌던 하나님에 대한 지식은 매우 보잘것없었음을 숙고해야 한다. 하나님은 모세에게 자신의 이름을 밝히셨고 언약을 통해 자신의 가장 영광스러운 속성들을 계시하셨다. 그럼에도 불구하고 모세가 본 것은 모두 하나님의 뒷모습에 불과했다(출 34:5-6). 따라서 하나님에 대한 모세의 지식은 그분의 온전한 영광과 비교하면 매우 작은 것이다.

특별히 성경은 모세를 언급하는 문맥에서 하나님을 본 사람은 아무도 없다고 말씀한다(요 1:18). 사도 요한은 모세를 그리스도와 비교하고서 그 어떤 사람도, 심지어 사람들 중에 가장 탁월했던 모세조차도 하나님을 보지 못했다고 진술한다. 우리는 온종일 하나님에 대해 말하고 그분과 그분의 일, 그리고 그분의 가르침에 대해 이야기할 수 있다. 하지만 진실로 그분에 대해 아는 것은 매우 적다.

그분에 대한 우리의 생각, 묵상, 그리고 표현들은 천박해서 그분의 온전함에 크게 미치지 못하기 때문에 그분의 영광을 제대로 반영하지 못한다.

혹자는 여기서 모세는 율법 아래 있었고, 하나님은 어둠 속에서 자신을 숨기시고 희미한 예표나 구름, 그리고 모호한 제도들을 통해 자신의 뜻을 나타내셨기 때문에 모세가 많은 것을 알 수 없었던 것은 당연하다고 주장할지 모른다. 그리고 지금은 복음의 영광스러운 빛으로 우리가 영생을 확실히 알게 되었고, 하나님의 생각이 직접 계시된 상황이므로 지금 우리는 하나님을 전보다 훨씬 더 명확히 알 수 있다고 말할지 모른다. 즉 우리가 모세처럼 하나님의 뒷모습만 바라보는 것이 아니라 그분의 얼굴까지도 그대로 대면할 수 있다는 주장이다.

하나님이 자신의 아들을 통해 우리에게 말씀하신 이후 하나님에 대한 우리의 지식과 옛날 율법 아래에서 성도들이 가졌던 지식 사이에는 엄청난 차이가 있음을 나도 인정한다. 물론 과거 그들의 눈은 우리의 눈처럼 예리하면서 분명했고, 그들의 신앙과 영적 이해는 우리에게 뒤지지 않았으며, 우리와 마찬가지로 그들 신앙의 대상도 영광스러운 것이었다. 하지만 그럼에도 우리의 시대는 그들의 시대보다 더 명확하다. 즉 구름이 걷히고 밤의 그림자가 사라졌으며 태양이 떠오르고 전보다 훨씬 분명하게 사물을 볼 수 있게 된 것이다.

모세가 하나님의 은혜로 그분을 볼 수 있었기에 그가 본 하나님은 복음의 은혜를 통해 우리가 보는 하나님과 동일한 모습이었다.

하지만 그가 본 하나님의 모습은 성경에서 하나님의 뒷부분이라고 말하는 것처럼 하나님의 온전한 속성과 비교할 때 매우 낮은 모습이다.

사도 바울은 율법의 영광에 비교해서 복음의 빛의 영광을 높이 칭송하고, 지금 어둠을 일으켰던 수건이 사라져 우리가 주님의 영광을 "수건을 벗은 얼굴"(고후 3:18)로 바라볼 수 있다고 말했다. 그러면서도 우리가 "거울을 보는 것같이"(고후 3:18) 그분을 본다고 말했다. 그렇다면 여기서 거울을 보는 것같이 본다는 말의 의미는 무엇인가? 온전하게, 그리고 분명하게 본다는 뜻인가? 분명히 그것은 아니다. 바울은 그 의미를 이렇게 말했다. "우리가 지금은 거울로 보는 것같이 희미하나"(고전 13:12). 여기서 거울은 우리가 멀리 있는 것을 볼 수 있도록 도와주는 망원경이 아니다. 이 거울은 사물을 뚜렷하게 볼 수 있도록 하는 기능이 없다.

그러므로 이 거울이 있다고 할지라도 우리는 사물에 대해 여전히 부족한 지식을 가질 수밖에 없다. 바울이 언급한 이 거울은 사물 자체를 보여주는 것이 아니라 사물의 형상을 희미하게 반영하는 유리 거울일 따름이다. 이 거울 안에 비친 희미한 형상을 바울은 우리의 지식과 비교했다. 또한 바울은 그 거울을 통해 우리가 보는 것은 '수수께끼'로써 어둠 속에 있다고 말했다. 확실히 당시에 어느 누구보다도 분명하게 많은 것을 알았던 바울이지만 그는 우리에게 자신도 '부분적으로', 즉 천국의 실체에 대해 오직 뒷부분만을 보았다고 진술했다(고전 13:12).

또한 바울은 하나님에 대한 자신의 지식을 어린아이의 사물 지식과 비교했다. "내가 어렸을 때에는 말하는 것이 어린아이와 같고 깨닫는 것이 어린아이와 같고 생각하는 것이 어린아이와 같다가 장성한 사람이 되어서는 어린아이의 일을 버렸노라"(고전 13:11). 즉 부분적인 것으로 온전함에 크게 못 미치는 지식임을 고백한다. 확실히 이런 부분적인 지식은 나중에 없어지게 된다. 어린아이들은 처음에 추상적인 실재를 매우 빈약하고 불확실하게 이해한다. 하지만 신체와 지적 능력이 자라면서 그런 빈약한 개념은 사라지고, 그런 생각을 가졌다는 사실조차 잊어버린다.

아이들이 부모를 공경하고 신뢰하며 순종하는 것은 칭찬할 만한 일이다. 하지만 부모는 그들의 생각과 과학적 사고가 유치하고 어리석다는 사실을 잘 안다. 마찬가지로 우리가 높은 업적을 쌓아 스스로 자부할지라도 하나님에 대한 우리의 생각은 그분의 무한한 온전하심에 비추어보면 정말로 유치하기 짝이 없다. 하나님에 대해 우리가 가지고 있다고 생각하는 가장 정확한 개념(이것은 순전히 우리의 생각이다)조차도 대부분 매우 불완전한 것이다. 하지만 우리가 하나님 아버지를 사랑하고, 공경하며, 믿고 순종하기에 하나님은 우리의 이런 유치한 생각을 받아주신다. 결국 우리는 그분의 뒷모습만 보기 때문에 우리의 지식은 정말로 보잘것없음을 알아야 한다.

그럼에도 고난 중에 우리가 힘을 얻고 위로를 받을 수 있는 이유는 우리가 "그의 참모습 그대로 볼 것"(요일 3:2)이라는 약속의 말씀 때문이다. 그때 우리는 "얼굴과 얼굴을 대하여 볼 것이요 지금은 내가 부분적으로 아나 그때에는 주께서 나를 아신 것같이 내가 온전히 알리라"(고전 13:12). 이 말씀을 거꾸로 생각하면 지금 여기서 우리가 보는 것은 그분의 실제 모습이 아니라 뒷부분이며, 그것도 그분의 온전한 영광이 아니라 어둡고 희미한 형상으로 본다는 사실을 암시한다.

시바의 여왕은 솔로몬에 대해 소문을 듣고 그의 위엄을 깊이 생각했다. 하지만 실제로 이스라엘에 도착해서 그의 영광을 보았을 때 자신의 생각이 반쪽 진리였음을 깨달았다. 마찬가지로 우리도 지금 여기서 하나님에 대해 분명하고 고상한 위대한 지식을 가졌다고 자부할 수 있다. 하지만 나중에 그분의 존전 앞에 나아가게 되면 우리는 소리 질러 결코 그분을 제대로 알지 못했음을 고백하게 될 것이다. 실로 그분의 영광과 온전함, 그리고 은총의 억만분의 일도 제대로 우리가 생각하지 못했음을 깨닫게 될 것이다.

사도 요한은 우리 자신이 그때 어떻게 될 것이고, 어떤 모습으로 나타나게 될 것인지 알지 못한다고 말한다. "사랑하는 자들아 우리가 지금은 하나님의 자녀라. 장래에 어떻게 될지는 아직 나타나지 아니하였으나 그가 나타나시면 우리가 그와 같을 줄을 아는 것은 그의 참모습 그대로 볼 것이기 때문이니"(요일 3:2). 하물며 우리가 하나님이 어떤 분이시며 어떤 모습으로 나타나시게 될지 어떻게 알 수 있겠는가? 하나님이 어떻게 자신을 계시하는지, 또한 우리가 그분을 어떻게 알 수 있는지를 생각해보면 이 점은 더욱 분명해진다.

하나님의 무한하신 속성을 묵상하라.

결국 이 모든 것은 하나님이 그런 식으로 자신을 계시하시기 때문이다. 실로 하나님은 우리가 그분을 온전히 알 수 없다는 사실을 이미 말씀하셨다. 하나님은 자신을 보이지 않고 이해할 수 없는 분으로 설명하셨다. 그러므로 우리가 하나님을 있는 그대로 안다는 것은 불가능한 일이다. 따라서 하나님에 대한 우리의 지식은 주로 부정적인 측면에서 그분의 속성이 아닌 것들이 무엇인지에 초점을 맞출 수밖에 없다. 다시 말해 하나님은 죽으시지 않고 한계가 없으시다는 식으로 묘사하는 것이다. 즉 죽을 수밖에 없고 유한하며 제한된 우리와 달리 그런 속성이 없는 분으로 이해하는 것이다.

성경은 하나님의 영광스러운 속성에 대해서 다음과 같이 말씀한다. "오직 그에게만 죽지 아니함이 있고 가까이 가지 못할 빛에 거하시고 어떤 사람도 보지 못하였고 또 볼 수 없는 이시니 그에게 존귀와 영원한 권능을 돌릴지어다"(딤전 6:16). 하나님께 접근하여 그분을 볼 수 있는 피조물은 아무도 없다. 그 이유는 하나님이 볼 수 없기 때문이 아니라 우리가 그것을 감당할 수 없기 때문이다. 어둠이 조금도 없는 하나님의 빛은 피조물의 접근을 허용하지 않는다. 빛나는 태양도 육안으로 볼 수 없는 너무나도 연약한 우리가 어떻게 무한하신 광명의 빛을 볼 수 있겠는가?

바로 이런 연유에서 잠언의 지혜자는 자신을 짐승이라고 고백하고 자신에게 사람의 총명이 없음을 말했던 것이다. "나는 다른 사람에게 비하면 짐승이라 내게는 사람의 총명이 있지 아니하니라"(잠

30:2). 그는 자신이 하나님과 비교해서 아무것도 아니라는 사실을 깨달았고 하나님의 일과 그분의 방법을 생각하자 자신의 모든 총명이 사라진 느낌을 받았던 것이다. 이와 같은 고찰 속에서 이제 구체적인 사안들을 살펴보자.

우리가 하나님의 존재와 관련해서 다른 사람들에게 무엇을 가르칠 수 있을 정도로 충분한 지식을 갖는다는 것은 거의 불가능하다. 때문에 일반 사물에 대한 표현 방식대로 마음속에서 하나님의 개념을 형상화한다면 결국 우상을 만드는 꼴이 되어 하나님을 진정으로 섬기기보다 우리 자신이 만든 하나님을 숭배하는 셈이 된다. 마음속에서 우리의 이해에 걸맞은 존재로 하나님을 형상화하는 것은 나무와 돌로 하나님을 만드는 것과 진배없다.

그러므로 하나님의 존재를 생각할 때 최선책은 그분의 존재에 대해 우리가 아무런 생각도 가질 수 없음을 인정하는 것이다. 어떤 존재에 대해 우리가 가질 수 있는 최고의 지식이 그 존재를 잘 모른다고 인정하는 것이라면 그 존재에 대한 우리의 지식은 확실히 매우 미천한 것일 수밖에 없다. 물론 하나님이 자신의 직접적인 가르침을 통해 우리가 하나님의 속성 일부를 정연한 표현들을 가지고 묘사할 수 있도록 하셨다. 하지만 우리가 그런 식으로 말한다고 그분의 속성 자체를 직접 안다는 것은 아니다. 실로 우리는 그것들을 알지 못한다. 우리가 할 수 있는 일은 고작 믿고 경배하는 것일 뿐이다. 단지 가르친 바대로 하나님이 무한하시고 전능하시며 영원하신 분임을 고백할 따름인 것이다.

물론 우리는 하나님의 무소부재하심, 광대하심, 무한하심, 그리고 그분의 영원성에 대해 토론할 수는 있다. 하지만 단순히 말과 개념으로 이야기할 뿐이며 우리가 실제로 그것들을 아는 것은 아니다. 그렇다면 우리가 어떻게 그것들을 이해할 수 있겠는가? 만약 그것을 이해하려 한다면 아무것도 아닌 인간의 마음은 무한한 심연 속으로 빠져들고 말 것이다. 그런 것들을 생각하기에는 우리의 이해력이 너무나 조잡하다고 생각하지 않는가? 그러므로 이해하지 않는 것이 오히려 온전한 지혜의 모습이다. 실로 우리가 보는 것은 영원함과 무한함의 뒷모습에 불과하다.

같은 본질에서 세 개의 다른 인격이 존재하는 삼위일체의 교리를 우리는 어떻게 설명할 수 있겠는가? 이 진리는 아무도 이해하는 사람이 없기 때문에 많은 사람이 부인해왔던 신비였다. 실로 그 말 하나하나가 매우 이해하기 어려운 신비였다. 성자 하나님의 나심, 성령의 나오심, 그리고 그 둘 간의 차이를 누가 정확히 설명할 수 있단 말인가?

하나님과 우리 사이에 있는 상상할 수 없는 무한한 괴리감으로 인해 우리는 어둠 속에 놓여 있다. 그렇기에 우리는 그분의 얼굴을 제대로 보지 못하고 그분의 온전하신 속성을 명확하게 이해할 수 없는 것이다. 우리가 하나님을 아는 방식은 그분의 존재를 통해서가 아니라 그분의 행위를 통해서다. 즉 그분의 본질적인 속성이 아니라 그분이 우리에게 행하신 선하심을 통해 그분을 알게 되는 것이다. 하지만 그런 지식도 욥이 말한 것처럼 매우 보잘것없는 것이다!

믿음으로 하나님을 깨달으라.

이 세상에서 하나님을 알 수 있는 방법은 오직 믿음을 통한 길밖에는 없다. 여기서 나는 인간의 마음속에 천성적으로 있는 신의식을 논의할 생각은 없다. 또한 사람들이 하나님의 창조섭리를 보고 이성적으로 생각했던 신관에 대해서도 논하지 않을 것이다. 그들도 고백한 것처럼 그런 신관은 혼란스럽고 비천하며 보잘것없는 지난 세대의 모든 경험의 산물에 지나지 않는다. 그들은 하나님에 대한 지식을 알고 있다고 말하지만 빈약한 경험에서 나온 신지식으로 인해 마땅히 하나님을 경배하지 않은 채 하나님 없이 이 세상을 산다.

하나님과 그분의 경륜을 알 수 있는 유일한 방법은 믿음뿐이다. "하나님께 나아가는 자는 반드시 그가 계신 것과 또한 그가 자기를 찾는 자들에게 상주시는 이심을 믿어야 할지니라"(히 11:6). 그분을 알고 그분에게서 상을 받기 위해서는(이것들은 우리의 순종의 토대이다) 믿어야 한다. "이는 우리가 믿음으로 행하고 보는 것으로 행하지 아니함이로라"(고후 5:7). 믿음은 우리가 믿는 것을 잘못 형상화하고 표현하지 못하도록 막아준다. 이 믿음은 보지 못하는 것들의 증거이다. "믿음은 바라는 것들의 실상이요 보이지 않는 것들의 증거니"(히 11:1).

여기서 믿음의 성격에 대해 좀 더 이야기해보자. 실로 믿음과 관련된 현상들을 살펴보면 하나님에 대한 우리의 지식이 오직 뒷모습이라는 사실을 더욱 분명히 깨달을 수 있다. 우리의 믿음은 전도를 통해 우리가 보지 못한 주님을 증거받을 때 일어난다. 그래서 바울이 말한 것처럼 직접 보지는 않았지만 믿음을 통해 주님을 알게 되고 그분을 사랑할 수 있게 된다. 이처럼 믿음은 주님에 대한 증거의 말씀을 통해 생겨난다. 그러면 이렇게 생겨난 믿음의 성격은 무엇인가? 그것은 그 증거에 동의하겠다는 표시이다. 믿음은 그 증거를 증명했다는 표시가 아니다. 앞에서 말한 것처럼 그것은 우리의 능력 밖의 일이다. 이런 의미에서 우리의 믿음은 앞에서 관찰한 것처럼 거울처럼 희미하게 보는 것을 뜻한다. 따라서 이런 믿음을 통해 우리가 갖는 지식은 여전히 어둡고 매우 작다.

여기서 당신은 나의 말에 반박하여 그 모든 것은 사실이지만 그것은 오직 하나님을 예수 그리스도 안에서 계시된 방법대로 알지 못하는 사람들에게만 적용된다고 주장할지 모른다. 예수 그리스도 안에서 하나님을 아는 사람들은 다르다는 논리이다. 물론 성경은 다음과 같이 말씀한다. "본래 하나님을 본 사람이 없으되 아버지 품속에 있는 독생하신 하나님이 나타내셨느니라"(요 1:18). 또한 성경은 "하나님의 아들이 이르러 우리에게 지각을 주사 우리로 참된 자를 알게 하신 것"(요일 5:20)이라고 말씀한다. 그리고 하나님의 형상인 그리스도의 영광스러운 복음의 빛이 성도들의 마음에 비춘다고 말씀한다. "어두운 데에 빛이 비치라 말씀하셨던 그 하나님께서 예수 그리스도의 얼굴에 있는 하나님의 영광을 아는 빛을 우리 마음에 비추셨느니라"(고후 4:6).

그러므로 우리는 "전에는 어둠이더니 이제는 주 안에서 빛"이 되었다(엡 5:8). 더 나아가 바울은 우리가 수건을 벗은 얼굴로 주의 영광을 본다고 말했다(고후 3:18). 따라서 지금 우리는 어둠 속에서 하나님으로부터 멀리 떨어져 있지 않다. 또한 우리는 아버지와 그 아들 예수 그리스도와 함께 사귀는 일이 가능해졌다(요일 1:3). 지금 하나님을 계시해주는 복음의 광채는 영광스러운 빛이다. 그것은 별빛이 아니라 우리에게 하나님의 아름다움을 보여주는 태양 빛이다.

이제 우리의 얼굴에는 수건이 걷혀졌다. 그러므로 불신자와 믿음이 약한 성도들은 여전히 어둠 속에 있을지라도 어느 정도 성장하고 괄목할 만한 신앙의 진보를 보인 성도들은 예수 그리스도 안에서 하나님의 얼굴을 분명하게 볼 수 있다고 말할 수 있다. 한편으로 우리 모두는 하나님을 사랑하고, 그분을 즐거워하며, 그분을 섬기고 순종하며, 그분을 신뢰한다고 할지라도 그런 행위는 하나님에 대한 우리의 지식에 비하면 아직도 턱없이 부족하다. 그래서 그 지식을 온전히 실천한다고 말할 수 없다.

확실히 우리의 어둠과 연약함이 우리의 태만과 불순종의 구실이 되어서는 안 된다. 하나님의 온전하심과 탁월한 성품에 대한 지식만큼 신앙생활을 해온 사람이 과연 누가 있겠는가? 하나님이 우리에게 자신에 대한 지식을 알게 하신 목적은 하나님께 영광을 돌리도록 하기 위함이다. 즉 그분을 사랑하고 섬기며, 믿고 순종하면서 죄를 용서하는 창조자 하나님께 마땅히 드려야 하는 영광과 존귀를 돌리도록 하는 데 있다. 우리 모두는 우리의 지식만큼 하나님의 형상으로 철저히 변화되지 않았음을 자각해야 한다. 우리가 우리의 은사들을 제대로 사용한다면 우리는 하나님으로부터 더 많은 신뢰를 받을 것이다.

다른 것과 비교해서 우리가 복음 안에서 예수 그리스도의 계시로 알게 된 하나님에 대한 지식은 영광스럽고 매우 특출한 것이다. 다른 식으로 얻은 하나님에 대한 지식은 이것과 비교하면 상대가 되지 않는다. 구약의 율법시대에 주어진 지식도 마찬가지다. 구약의 지식은 좋은 것의 그림자일 뿐 실체를 보여주지는 않는다. 이 점을 사도 바울은 고린도후서 3장에서 자세히 설명했다. 말세인 지금, 그리스도는 아버지의 품에서 나와 아버지를 계시하시고, 그분의 이름을 선포하시면서 하나님의 뜻과 계획을 율법시대의 그 어떤 방법보다 더 명확하고 탁월하게 보여주셨다. 앞의 대부분의 논의에서 나는 이점을 보여주고자 했다. 다시 말해 복음 안에서 하나님의 뜻이 그 어떤 다른 방법보다 더 명쾌하게 선포되었다는 사실이다.

신지식과 관련해서 성도와 불신자의 차이는 무엇을 안다는 것보다 아는 방법에서 극명히 나타난다. 실로 불신자 중에도 일부는 하나님에 대해 더 많이 알 수 있고 그분의 속성과 뜻을 여러 성도들보다 더 많이 말할 수 있다. 하지만 그들의 지식은 올바른 방법으로 주어진 것이 아니다. 그들은 영적으로 구원받기 위해 그런 지식을 소유한 것이 아니다. 또한 거룩한 천상의 빛 속에서 그런 지식을 가진 것도 아니다. 성도의 탁월한 위치는 그가 많은 진리를 알고 있다는 데 있는 것이 아니라 비록 짧은 이해이지만 그 진리를 구원의 빛, 즉 하나님 영의 빛 속에서 바라본다는 데 있다. 그래서 그것을 통해 성도는 하나님과 교제를 나누게 되고 더는 호기심 어린 생각을 하지 않게 되는 것이다.

　예수 그리스도는 말씀과 성령을 통해 자신에 속한 영혼들에게 아버지로서의 하나님, 언약의 하나님, 갚아주시는 하나님을 계시하시고, 모든 필요한 방법을 동원하여 이 세상에서 성도들이 하나님께 어떻게 순종해야 할지를 가르치신다. 그리하여 우리를 하나님의 품 안으로 인도하시고 나중에 천국에서 하나님을 기뻐하며 영원까지 살 수 있게 하신다. 하지만 그 모든 사실에도 여전히 하나님에 대해 우리의 지식은 매우 적으며 우리는 그분의 뒷모습만을 바라볼 수밖에 없다는 한계가 있다. 그 이유를 다시 곱씹으면 다음과 같다.

　첫째, 복음의 모든 계시의 의도는 하나님의 본질적인 영광을 드러내고 하나님을 있는 그대로 보여주는 데 있지 않다. 복음의 계시는 단순히 믿음, 사랑, 순종, 그리고 하나님께 나아갈 수 있는 은총을 얻기 위해 우리에게 필요한 하나님에 관한 지식을 계시하는 데 그 목적이 있다. 다시 말해 복음 계시의 목적은 유혹 가운데 있는 가련한 인생들에게 합당한 믿음과 사역의 토대가 될 수 있는 지식을 보여주는 데 있는 것이다. 하지만 나중에 우리가 하나님의 부르심을 받고 천국에서 영원히 그분을 찬양하고 경배할 때는 하나님이 새로운 방법으로 자신을 보여주실 것이다. 그때가 되면 지금 우리 앞에 놓여 있는 그 모든 것은 그림자처럼 사라질 것이다.

　둘째, 우리의 마음은 우둔하고 더뎌서 계시된 말씀 안에 있는 실체들을 제대로 분별하지 못한다. 그래서 하나님은 우리의 연약함 때문에 우리에게 하나님을 의지하도록 만드시고 그분의 말씀으로 자신을 계시하신 것이다. 또한 우리의 연약함으로 인해 하나님은 우리 영혼들에게 이 세상에서 모든 지식을 깨닫도록 허락하시지 않는다. 그러므로 복음의 계시 방법이 명확하고 분명하지만 그 계시를 통해 갖는 우리의 지식은 매우 연약할 수밖에 없다.

결론으로 이제 지금까지 우리가 논의한 내용의 목적과 그 유용성을 생각해보자. 확실히 하나님의 형용할 수 없는 위대하심과 그분과 우리 사이에 있는 엄청난 괴리감을 우리가 제대로 인식한다면 우리의 영혼은 그분에 대해 거룩하고 두려운 경외심으로 채워져 모든 정욕과 맞서 싸울 수 있게 된다. 그러므로 하나님의 위대하심과 무소부재하심에 대해 경외하는 마음을 항상 잃지 말아야 한다. 그러면 우리의 영혼은 모든 불경스러운 행동을 경계하게 될 것이며 항상 하나님을 묵상하게 된다. 실로 하나님은 소멸하는 불이시다. 그러므로 하나님의 임재 앞에서 당신의 비천함을 알고, 당신의 천성이 그분의 본질적인 영광을 이해하기에는 너무나 왜소하다는 사실을 항상 자각하기 바란다. ■